Varios autores

EL LIBRO DEL PERRILLO SOLO

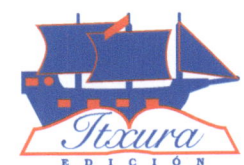

Itxura
EDICIÓN

© Esperanza Manzanera

Título del libro:
El libro del perrillo solo

Portada y Contraportada:
Ávelin y Jesús López Castro

Edición:
Esperanza Manzanera

Maquetación:
Itxura Edición
C/ Ávila, n° 1°, 1° derecha, departamento 5°
48012 Bilbao (Bizkaia)
Teléfono: 944 449 036 • 629 99 46 93 • Teléfono IP / Skype: itxura
Fax: 944 442 745
Correo-e.: itxura.itx@gmail.com

Impresión en papel y digital:
amazon

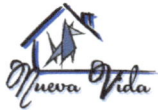

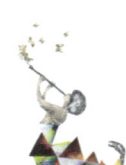

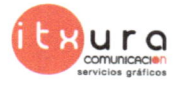

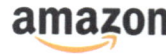

Varios autores

EL LIBRO DEL PERRILLO SOLO

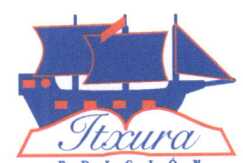

Itxura
EDICIÓN

Prólogo

La idea de editar este libro surge en una despejada noche del mes de julio de 2016, exactamente una noche de verano de ésas en las que el calor hace del insomnio un compañero agotador e indeseable. Lo que yo desconocía es que mientras esperaba en vano conciliar el sueño, en algún lugar otra persona estallaba de cansancio e impotencia en una red social. Como llamada por el hechizado huso de una rueca, me levanté de la cama, fui hasta mi ordenador y leí el mensaje desesperado de aquella otra insomne.

Era Eli Alheña, presidenta de la protectora de animales APA de Huércal-Overa, quien escribió una entrada en Facebook cargada de dolor y cansancio, de experiencias frustrantes, agotadoras y, sobre todo, de impotencia. Más y más animales abandonados, heridos, enfermos, hambrientos. Y escasos recursos, pocas casas y un nulo futuro para todos ellos. Pero las palabras de Eli contenían también entre líneas un mensaje cargado de esperanza, de fuerza y de no contemplar jamás la rendición como una posibilidad.

Y fue en ese preciso instante, cuando el insomnio, ya un fiel aliado, me dio un codazo y me preguntó: Bien. ¿Vas a hacer algo o qué? ¿Cómo vas a ayudar a Eli y los demás miembros de la asociación, que se dejan el corazón salvando perros y gatos abandonados, sanándoles, dándoles cariño y buscando una nueva casa para ellos, con tan sólo una mirada de agradecimiento perruno como premio, gran premio, por cierto?

Pensé, ¿qué sé hacer yo? Yo sé hacer libros. Mejores o peores, fantásticos o serios, pero libros, al final, de carne y hueso, de pelo y lomo, de alma y tinta, que puedes llevar en tu cartera, en tu mochila, con los que ir a la playa o al campo, y con los que sentir el placer de tumbarte y disfrutar de la lectura.

Y el insomnio me habló otra vez y preguntó: ¿Has pensado quién te va a ayudar a hacer todo esto? Y yo le respondí que tengo amigos, y muy válidos, y muy solidarios. Amigos a los que pedí ayuda y que me la prestaron sin exigencia alguna. Gratuitamente y porque sí, porque aman a los animales y porque creen en los proyectos en común que quieren mejorar el estado de las cosas, porque quieren dignificar a los animales y, por tanto, dignificar a esos otros animales que somos los seres humanos.

Pero necesitaba de más ayuda todavía. Como sabéis los que me conocéis, debajo de mi aparente timidez hay alguien perseverante y con una insensata determinación, lo que me permitió abordar a algunos artistas y pedirles que colaborasen en *El libro del perrillo solo*. Les escribí y les pedí su participación altruista, y ellos respondieron con generosidad y haciendo buenos los versos de Gabriel Celaya: *"Maldigo la poesía que no toma partido, partido hasta mancharse"*. Así, pues, mi gratitud y reconocimiento a todos los autores que podéis encontrar en *El libro del perrillo solo* por su nobleza y altruismo. También, por tomar partido por este libro, por los animales y por el lado bueno del ser humano, el compasivo, el solidario, el generoso.

Ha sido así, de este modo, pasando por todos estos avatares y circunstancias, como me he convertido en editora por accidente, feliz de haber puesto en marcha esta aventura y de participar en ella, algo que repetiría mil veces y aún más, si hiciese falta.

Por ello, muchísimas gracias a todos, de corazón, de corazón solidario y peludo.

Esperanza Manzanera

ÍNDICE

EL SUEÑO CON DIENTES

EL SUEÑO con dientes lo mantiene seguro.
El pulso del aliento,
la compasión estremecida,
las alas cabalgando a hombros
de arenas desiertas.
La venda de ciego
que te arranca del hogar
Costillas, carne, piel.

Encrucijada del abandono
pupilas intemporales
con lenguas habla
con las heridas que no se ven y no sanan.
Es el abandono, la hoguera del miedo,
el alma expuesta de lo efímero,
del ir sobre puentes
llevando vacío y desgaste sobre las espaldas.

El SUEÑO con dientes lo mantiene seguro.
Aprieta fuerte, lo blanco, el sentimiento
de recogida hacia un nuevo hogar.
Aprieta fuerte,
deseo que desgarra y te expone
Ahí, siempre abajo,
separado de la comprensión
donde el gemido ya sin propósito
se vuelve hacia atrás.
Es el arraigo-fuego en los ojos-iceberg
que tiemblan y se disfrazan con máscaras.
La vena sigue palpitando.

El SUEÑO con dientes lo mantiene seguro.

El vaivén del mundo,

el verde de la tierra,

la lejanía del azul,

el camino siempre rojo,

el polvo,

la música,

la zona donde el ahogarse se ejercita.

El SUEÑO con dientes lo mantiene seguro

en un paisaje donde sólo hay luz

se cultiva la ternura del gesto,

fluye la gloria

en aquel espacio respiras

encuentras lo amado.

Siempre allí.

En aquel lugar para latidos,

Habría sido olvidado.

Mar Esteban (Cartagena, 1978)

Licenciada en Comunicación Audiovisual por la Universidad de Málaga y Máster Universitario de Dirección en Comunicación y Turismo. Ha participado en varios recitales de poesía, ha colaborado en revistas como *Kokoro* y es autora del poemario *Yo invierno hacia ti* (Zaragoza: STI, 2016). **www.flickr/maresteban**

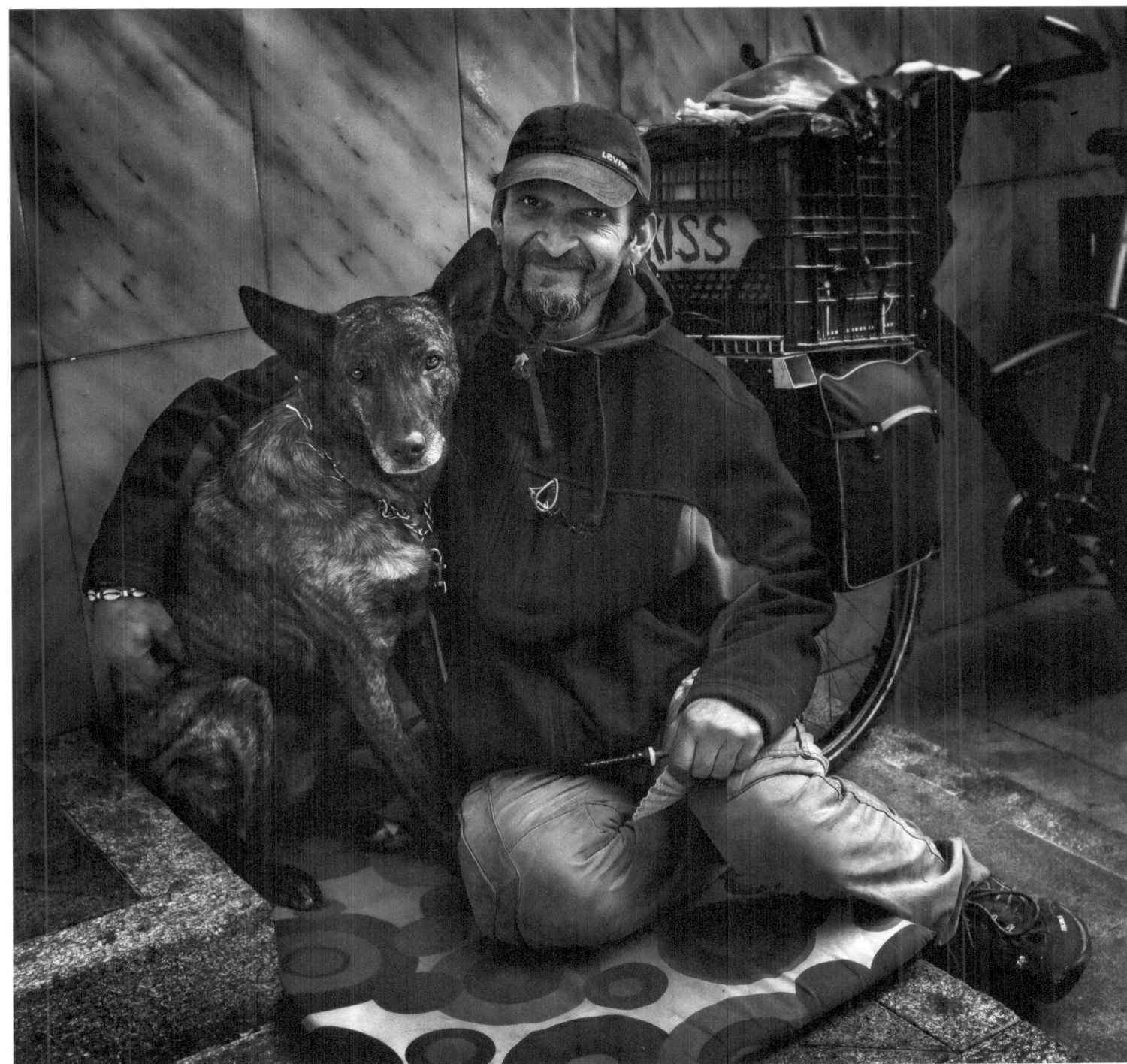

Rodrigo Valero

Licenciado en Bellas Artes por la Universidad de Sevilla en las especialidades de diseño gráfico y técnicas de grabado. Ha dirigido diversos Cursos y Certámenes Nacionales de Escultura. Ha desarrollado su labor artística en diferentes direcciones: pintura, escultura, fotografía y video-creación.

Ha expuesto numerosas veces en el territorio nacional, así como internacionalmente, en Lisboa, París, Milán, Bruselas, Croacia, Cuba, Miami, Nueva York, Munich...

Ha realizado diversas obras escultóricas monumentales en diversos espacios, Proyecto Metamorfosis (UAL), Monumento a la Constitución (Macael), La Creación del Universo (Purchena), Unidad (Zurgena), el Monumento Homenaje a los Donantes de Sangre (Almería), Monumento Homenaje (Roquetas de Mar), Monumento para la Cruz Roja...

Ha colaborado en la edición de varios libros fotográficos. Últimamente está inmerso en varios proyectos fotográficos destacando el que está desarrollando sobre los retratos a través de la serie "Introspecciones". Son retratos realistas, casi antropológicos. En dicho proyecto discurren personajes de la más variada índole, que conforman una pequeña muestra del tejido social.

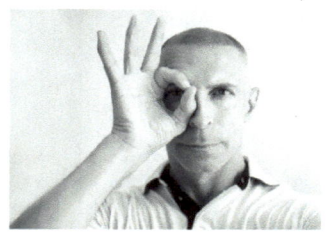

MARLOU

"A mis hijas, Paula y María, por lo que ellas saben y yo sé"

Al mirar el horizonte, observé que allí donde hasta hace nada resplandecía un sol intenso y rojizo, apenas quedaba una estela azulada que iba desvaneciéndose entre las sombras mientras se hacía un silencio espeso, roto tan sólo por algunos sonidos casi inaudibles que no hacían sino aumentar mi preocupación. Desconocía en qué lugar estaba, a mi alrededor no veía ni un signo familiar que posibilitara la vuelta a casa y habían transcurrido muchas horas desde que nos detuviéramos en la carretera para comer y yo, como tantas otras veces, custodiara el coche desde su interior, a la espera de que Sandra y Manu acabaran y continuásemos el trayecto.

Nada nuevo si no hubiera abierto el portón trasero con facilidad y hubiese marchado tras una preciosa hembra que, al percatarse de mi presencia, corrió y corrió adentrándose en un bosque aledaño sin darme cuenta de cómo me alejaba del lugar ni apercibirme de la frondosidad de la espesura. Ella avanzaba y avanzaba, intentaba despistarme con una carrera frenética que se interrumpía lo justo para tomar aliento e iniciar de nuevo la misma, tras asegurarse de que no nos perdíamos de vista. Lo que sí perdíamos, en ese juego alocado y seductor, era la noción del tiempo y algo más: la posibilidad de volver rápidamente al punto de partida. Cuando fuimos conscientes de ello y quisimos regresar, comprendimos que tendríamos que hacer acopio de todas nuestras habilidades para dar con el camino de vuelta. Y en ese momento, un frío repentino me traspasó, miré a mi compañera y echamos a andar.

Lo peor era orientarse entre la maleza que hurtaba y se comía caminos y senderos, haciendo casi imposible identificar el correcto y teniendo que afinar el olfato para progresar despacio, pero con acierto, hacia donde se encontraban sus respectivas familias. Aun así, un sexto sentido guiaba sus pasos y los obligaba a centrar la atención en encontrar cualquier huella, cualquier señal que los condujera de nuevo a ellas. Finalmente, divisaron a lo lejos las luces del área de servicio en el que se había detenido el *Rover Evoque* de Sandra en el que viajaban desde Madrid hacia la costa y aligeraron sus pasos de forma decidida.

Al fin se acabaría la pesadilla. Sólo deseaba sentir las caricias de Sandra y Manu, acunarme junto a ellos y hacerme perdonar esta travesura, seguro de haber aprendido una lección que jamás olvidaría. Sentir cómo Manu me reclama cuando me alejo y grita: ¡Marlou, Marlou! Y yo volviendo sobre mis pasos, situándome junto a él y en su rostro una sonrisa ancha, la de alguien satisfecho y feliz.

Y sí. Ese es mi nombre, Marlou. Sandra ha explicado muchas veces a no pocas personas que lo escogió por ser el de su detective favorito. Aficionada a la novela negra, siempre explicaba a quien quería escucharla que lo decidió al observarme durante los primeros días en que llegué a casa con un mes de vida. Y añadía que lo hizo sólo tras comprobar que era tan solitario, cínico, escéptico, impertinente, adorable y sentimental como su adorado Marlowe... Eso sí, con un toque personal y distintivo que se plasmó en la españolización del nombre, impreso en una pequeña placa que iba adherida a la correa que rodeaba mi cuello. Yo no tenía ni idea de quién era el tal Marlou, pero reconozco que, en mis primeros años, cada vez que la oía enumerar el muestrario de mis principales rasgos de carácter o "cualidades", en la única que me reconocía era en la del escepticismo que me producía hacerlo. Aunque he de decir que, con el tiempo, no sólo asumo la mayoría de ellas, sino que intento no defraudar a Sandra y potenciar al máximo el retrato.

Y es que aún no he dicho que yo, Marlou, soy un husky siberiano al que Sandra y Manu adoptaron con apenas un mes de vida y que ya he cumplido cinco años, una edad que me otorga experiencia y conocimiento, pero seguramente no la sabiduría suficiente para evitar verme en situaciones como ésta en la que me encuentro. Dicen de mí que allá donde voy llamo la atención por mi porte estilizado y atlético, por el grueso manto gris y blanco que cubre mi cuerpo, por esa heterocromía tan propia de mi raza que hace que uno de mis ojos sea de un color azul pálido y el otro, marrón, lo que desconcierta a muchos de los que se me acercan, y por ese aspecto lobuno, salvaje, que seduce a casi todos. Y debe ser cierto porque a Sandra se le iluminan los ojos cada vez que alguien pondera alguna de estas condiciones, aunque siempre añade que a todas ellas hay que sumar un carácter indómito y rebelde, una cierta indolencia en lo que llaman labor de custodia del hogar y la necesidad de una actividad física diaria que alguien tiene que acometer conmigo. En realidad, desconozco por qué lo hace, ya que quien sale a correr diariamente y me lleva con él todos los días es Manu, el hijo de Sandra. Haga frío o calor, tenga que estudiar o no, Manu encuentra tiempo para él y para mí. Por ello, cuando mencionan que los husky somos fríos y no reconocemos jerarquías, procuro no mostrar mi desprecio con acciones que autoricen al memo de turno que tan bien me "desconoce".

En todo caso, el cariño, la dependencia mutua y la conciencia de ser y formar parte del clan, de la familia, junto a Sandra y Manu, era innegociable y se veía fortalecida por el fallecimiento de Antonio, el padre de Manu y marido de Sandra, unos meses antes de mi adopción, debido a una rápida y cruel enfermedad. Los dos aseguraban siempre, con los ojos humedecidos, que mi presencia supuso el despertar de nuevo a la vida, un acicate para salir del bucle destructivo en el que se instalaron tras la muerte de Antonio. Yo fui la excusa perfecta, el detonante necesario con el que echar a andar de nuevo, el soplo de vida al que atender, del que responsabilizarse, y el depositario de unos sentimientos dormidos que encontraron acomodo en la urgencia de quien sabe que es imposible vivir sin ellos.

En esos pensamientos estaba, cuando, al llegar al área de servicio, vi con asombro que el vehículo no se hallaba donde quedó aparcado y un interminable escalofrío me atravesó, mientras recorría olfateando sin cesar, nervioso y alerta, el enorme aparcamiento en busca de alguna señal que permitiera localizarlos. Fue imposible. Demasiado tiempo, demasiadas horas perdido por el bosque… Confiaba en que Sandra y Manu hubiesen esperado lo necesario, que tuvieran fe en mi vuelta. Pero era evidente que no había sido así y yo tenía la certeza de que sólo la desesperación habría hecho que no aguardaran allí. Lo único que sí podía certificar es que jamás me abandonarían. Nunca.

Con toda seguridad estarían buscándome y a mí se me planteaba en esos instantes la misma duda que, con toda probabilidad, tuvieron ellos. ¿Qué hacer? ¿Permanecer a la espera en la zona próxima al área de servicio, o jugármela y salir a su encuentro, rogando que éste se produjera? En cualquier caso, no había tiempo que perder, tenía que decantarme por una opción o la otra y la decisión se avino a mi condición natural, la de recorrer la distancia que fuese precisa hasta dar con Sandra y Manu. Y algo aún peor. Convencido de que ambos recorrerían una y otra vez una zona amplia sin dejar la autovía, sabedores de que abandonarla y ampliar el radio de búsqueda a vías de servicio, caminos y demás, equivalía en la práctica a dispersarse y no lograr nada, decidí que sólo cabía una posibilidad, arriesgada, pero real: adentrarse en ella y provocar el encuentro, procurando no morir en el intento.

Observé a mi compañera y vi en sus ojos que ella no tenía fuerzas ni ganas de emprender aquel viaje a lo desconocido. Yo apenas pude contenerme cuando se acercó y acarició mi cuerpo con el suyo en un arranque imprevisto y cargado de emoción. En ese instante, la miré muy fijamente y ella comprendió que nada en este mundo podía ser comparable al hecho de haberla conocido. Ni siquiera certificar que aún desconocía su nombre, ya que hasta entonces nadie se había dirigido a ella excepto yo, por lo que decidí que llegados ahí ningún nombre mejor que el de "Ella", volviera a verla o no, volviera a correr o no junto a esa preciosa labradora ataviada de impoluto traje chocolate de la que ahora me separaba sin saber si habría otra vez o no, y si...

Decidido, ingresé en la autovía por el carril de entrada, sin mirar atrás, consciente de estar asumiendo un riesgo extremo, un viaje sólo con billete de ida que, como todos, arrancaba con la esperanza de contar con las paradas suficientes, hacerlo si era posible con aquéllos a quienes quieres, y arribar satisfecho, contento por todo lo vivido en el trayecto, a nuestro destino. ...sa era la apuesta. Siempre lo es, aunque no nos demos cuenta, y si lo hacemos, sea demasiado tarde. En esta ocasión no había trampa. Era o todo o nada.

Busqué con rapidez la mediana. Sabía que era la única posibilidad de salir vivo de ese infierno y evitar también que algún conductor, sorprendido por mi presencia, maniobrara bruscamente y ocasionara un accidente. Eso y confiar en que la vegetación de la mediana no fuera tupida e impidiera la visión desde el vehículo. Salir de ella era un suicidio y podía ser terrible para mí y los conductores que circulaban en un sentido u otro. Al menos, contaba con la benevolencia de una luna llena que iluminaba esplendorosa la noche y facilitaba el reconocimiento del entorno con una increíble nitidez. Pero aun así, la sensación de peligro era absoluta.

Hacía muchas horas que había oscurecido, lo que favorecía que el tráfico no fuese muy fluido y pudiese sobrellevar el infierno de luces que me cegaban y el ruido atronador de los motores al cruzarse conmigo. Con todo, la esperanza de hallar a Sandra y Manu impedía que la fatiga y el cansancio que, poco a poco, me iban invadiendo, lograra apartarme de mi objetivo. Daba igual la distancia por recorrer y el tiempo necesario. Antes o después lo conseguiría. Lo importante era seguir siendo visible a los conductores que estuviesen atentos y no detenerse ante nada.

Quizás, por ello, cuando vi que la mediana se interrumpía y alcé los ojos, no supe qué pensar. Ante mí, se levantaba un muro de piedra enorme, con un gran agujero en la base por el que aparecían y desaparecían los coches. Sabía que era un túnel porque cuando viajábamos atravesábamos algunos con relativa frecuencia, pero en ese instante lo que yo vi fue la boca, fría y oscura, de un gigante dispuesto a engullirme para siempre, sin más, sin saber si aquel ser desalmado regurgitaría y me permitiría ver la luz de nuevo. Despacio, miré en su interior y observé que la longitud del mismo no dejaba ver la salida y sólo había dos estrechas aceras a los lados que apenas dejaban espacio para transitar sobre ellas y cruzarlo. Era o todo o nada. Sin ninguna barrera de protección que impidiera ser atropellado por un coche o refugiarse ante cualquier situación dada.

Así que esperé a que el flujo de circulación fuese lo menor posible y entré. Durante unos segundos, reinó el silencio mientras avanzaba entre la tenue luz de emergencia que lo iluminaba, pero al poco tiempo irrumpieron vehículos de todo tipo que convirtieron el túnel en una trampa mortal. Intentaba abstraerme, continuar pegado a la cóncava pared que arañaba mi costado, evitar quedar cegado por los haces de luz que se hacían más grandes y potentes conforme se aproximaban, y mantener la calma ante el estruendo de los motores amplificado hasta llevarme a un estadio cercano a la locura. Pero a duras penas lo conseguía. Tenía que avanzar, pero no lo lograba; continuar, pero mis articulaciones no respondían.

Y comencé a desfallecer. Al principio, cediendo muy despacio, como si un agradable sopor me invadiera y agotado me dejara llevar. Más tarde, caminando apacible hacia esa luz que todo lo abarcaba, sonriente y abandonado a mi suerte... Pensando en qué sería de Ella, en dónde estaría, y en que sería de Sandra y Manu, su manto protector, sus amigos, su familia, tan cercanos que incluso en el momento del adiós, en este instante en que la mirada se iba nublando, parecían acariciarlo como siempre, hablarle despacio y llorar, al tiempo que reían sin parar y le hacían una promesa tras otra....

Tardé, cuando abrí los ojos, en darme cuenta de que estaba con ellos, de que la visión de Sandra y Manu era real, que la luz que creí de ultratumba era la de su vehículo, la que me conducía de nuevo a la vida, de que ni por un momento habían dejado de buscarme durante horas y de que pudo lograrse gracias al chip con sistema de localización por GPS que llevaba bajo la piel, olvidado, y cuya señal, de alcance limitado, fue la que los guio y posibilitó el rescate. Después, vinieron las lágrimas, las de ellos y las mías. Sí, ya sé que habrá quien aluda a que no está demostrado científicamente que nosotros, los animales, lloremos. Es más, la mayor reprobación vendrá de esos auténticos animales disfrazados de malas personas que suelen comportarse no como nosotros, sino como éstas. Y asegurarán que las que brotan de mis ojos no son tales, sino las de Sandra y Manu que se han posado allí tras los abrazos. No importa. Ellos saben y yo sé.

Ahora sólo me resta hacerles comprender a ambos que hay que volver, que no es lealtad, que es mucho más, que allí está Ella, sola y esperando, y que si es cierto como dicen todos que donde caben dos lo hacen tres, seguro que uno más podrá ser bienvenido. Así que arranca ya y no perdamos ni un segundo, Sandra, que lleguemos en nada y os pueda presentar a Ella, que está amaneciendo y me urge olvidar esta pesadilla, no pensar en otra cosa que no sea qué hacer después de hoy y, si es posible, convertir el mañana en un presente no soñado, sino hecho realidad un día y otro y otro...

Jesús Martínez Gómez (Huércal-Overa, Almería, 1959)

Profesor, escritor y crítico literario. Colaborador desde hace años en suplementos como "Artes y Letra", "Cuadernos del Sur" o "Uno más uno" (México), y en revistas como "Tinta seca" (México) o la española "Quimera". Editor, junto a P. M. Domene, de los volúmenes Cuento al Sur (2001), y Francisco Peralto: palabra, esencia, tiempo (2003), y responsable del libro *El espacio invisible* (2004), obra del crítico de arte mexicano M. ¡. Muñoz. Autor de cuentos publicados en antologías como Relatos sobre mujeres (2005), Narraciones sobre la infancia (2006), Historias y relatos sobre la vejez (2007), Cuentos de la Alcazaba (2014) o Alma de mármol (2016). Ha formado parte de proyectos artísticos como Portales, con reconocidos pintores, escultores, etc...

Asimismo, ha trabajado en el campo de la Poesía visual, formando parte de antologías y exposiciones, y colaborando en catálogos de pintores del prestigio de P. Bernal, J. Visconti, D. Bonillo y otros. Integrante del grupo Batarro, ha sido crítico habitual de la prestigiosa revista "Mercurio", editada por la Fundación Lara y dirigida por G. Busutil.

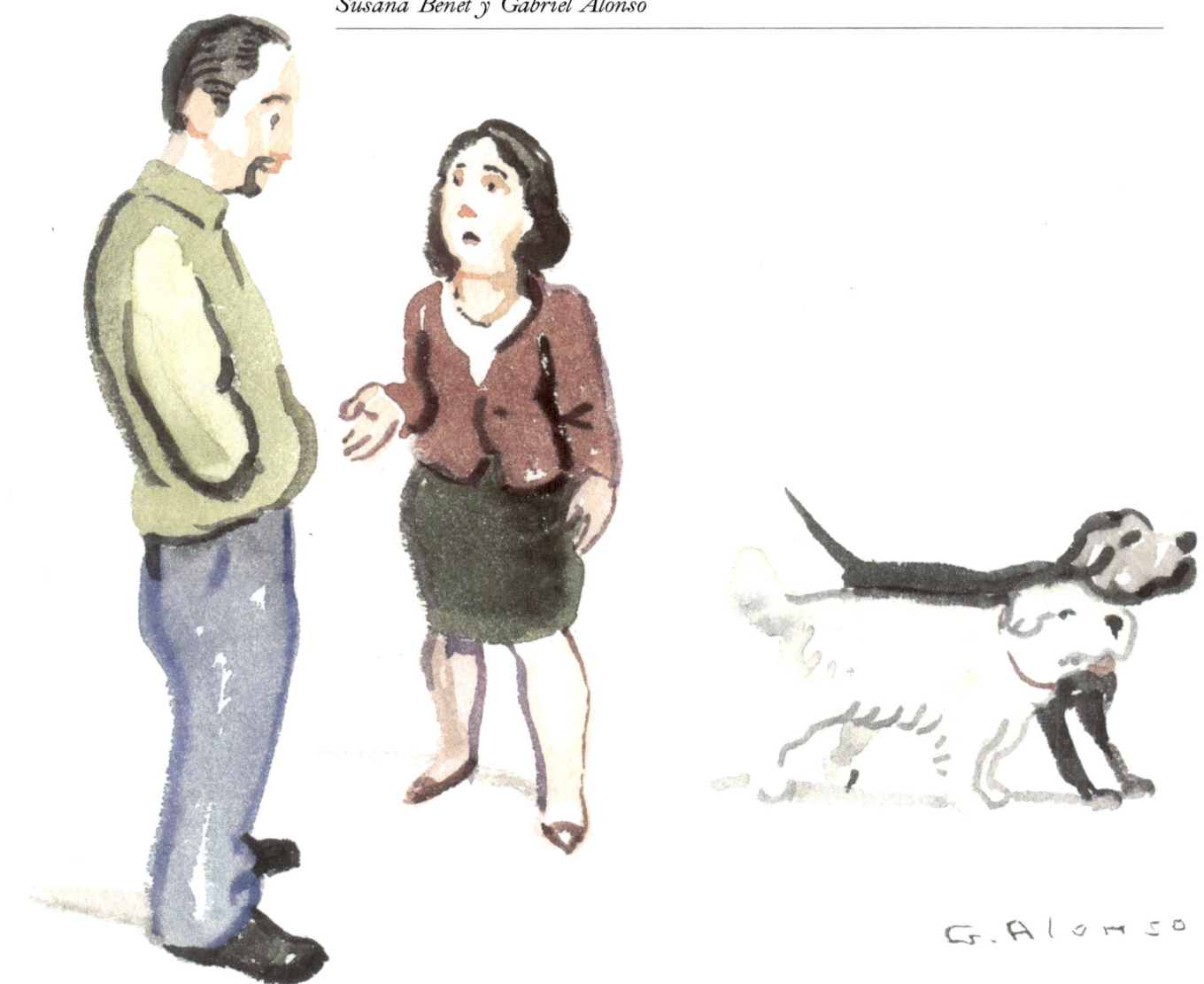

Charlan sus amos.
Los perros se restriegan
lomo con lomo.

Susana Benet

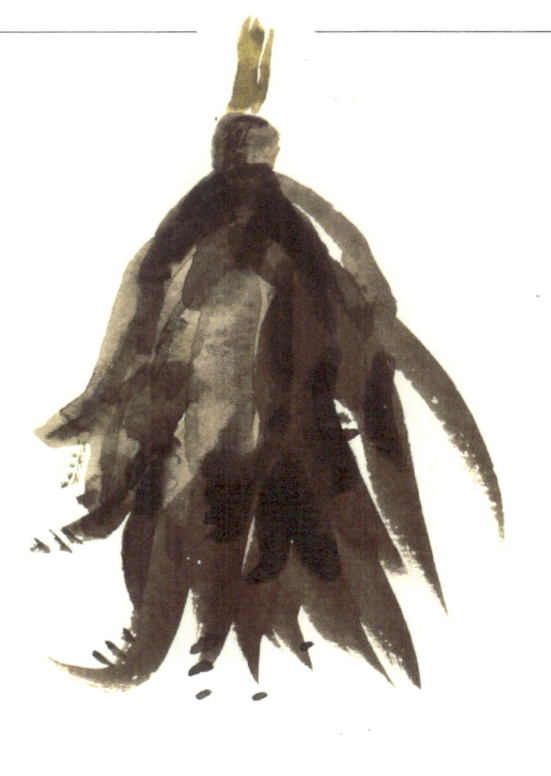

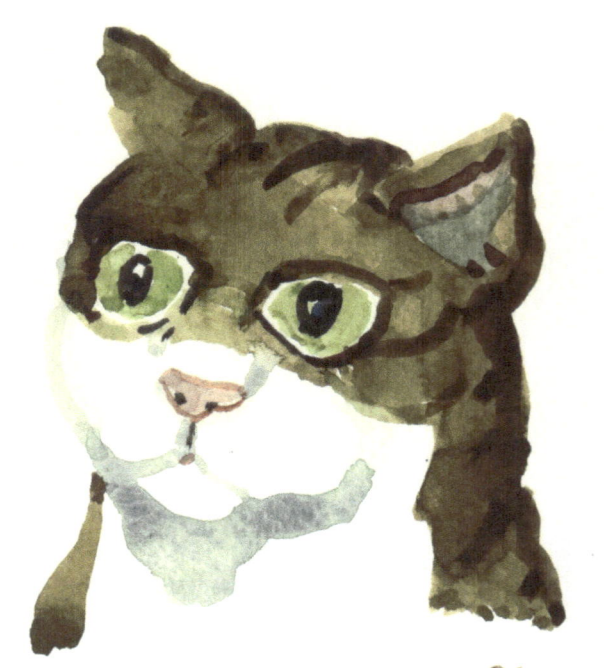

G. Alonso

Quitando el polvo,
con qué fijeza el gato
mira el plumero.

Susana Benet

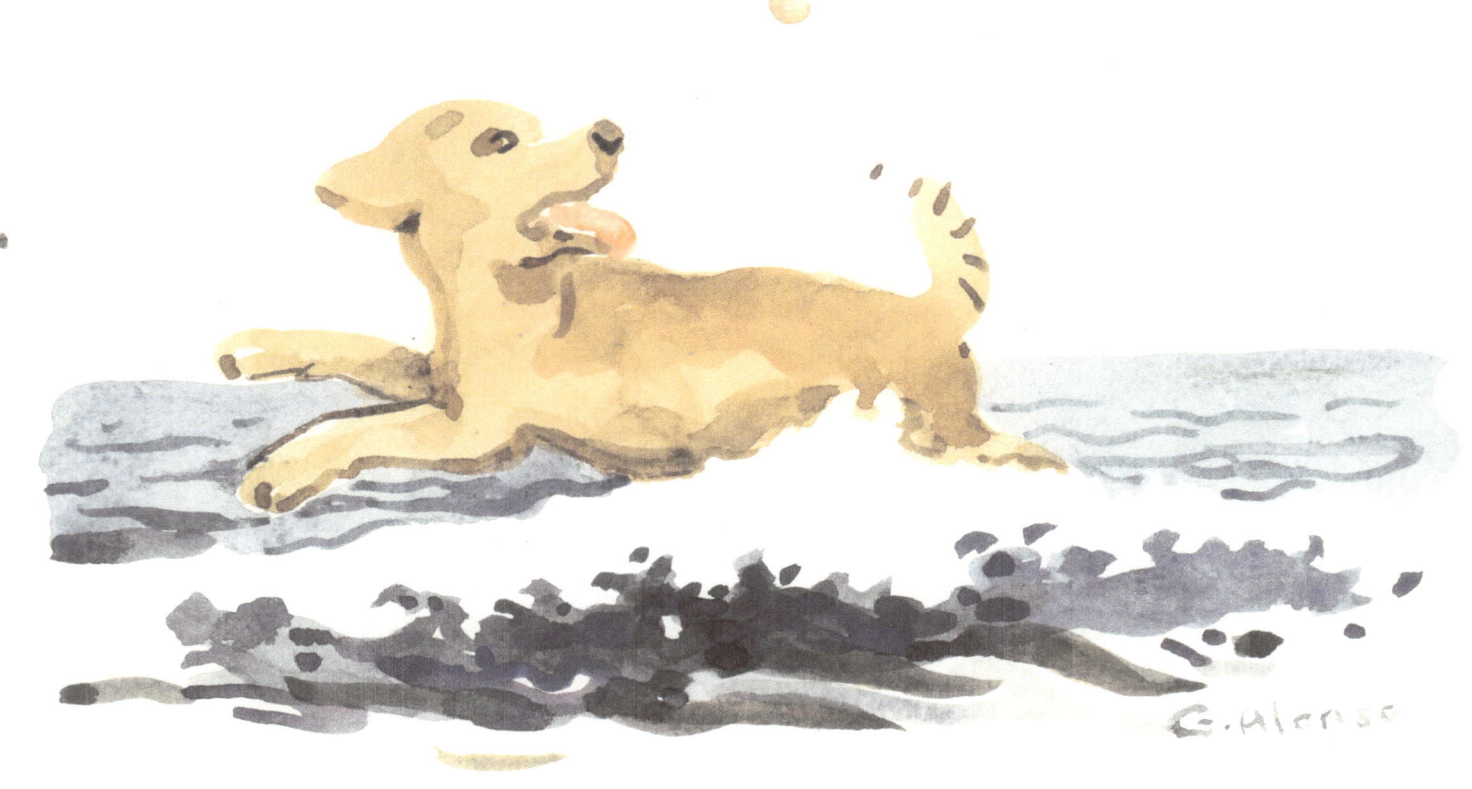

Se lanza al mar
el perro tras la piedra,
ola tras ola.

Susana Benet

Abrevadero.
Al lado del caballo
bebe un gorrión.

Susana Benet

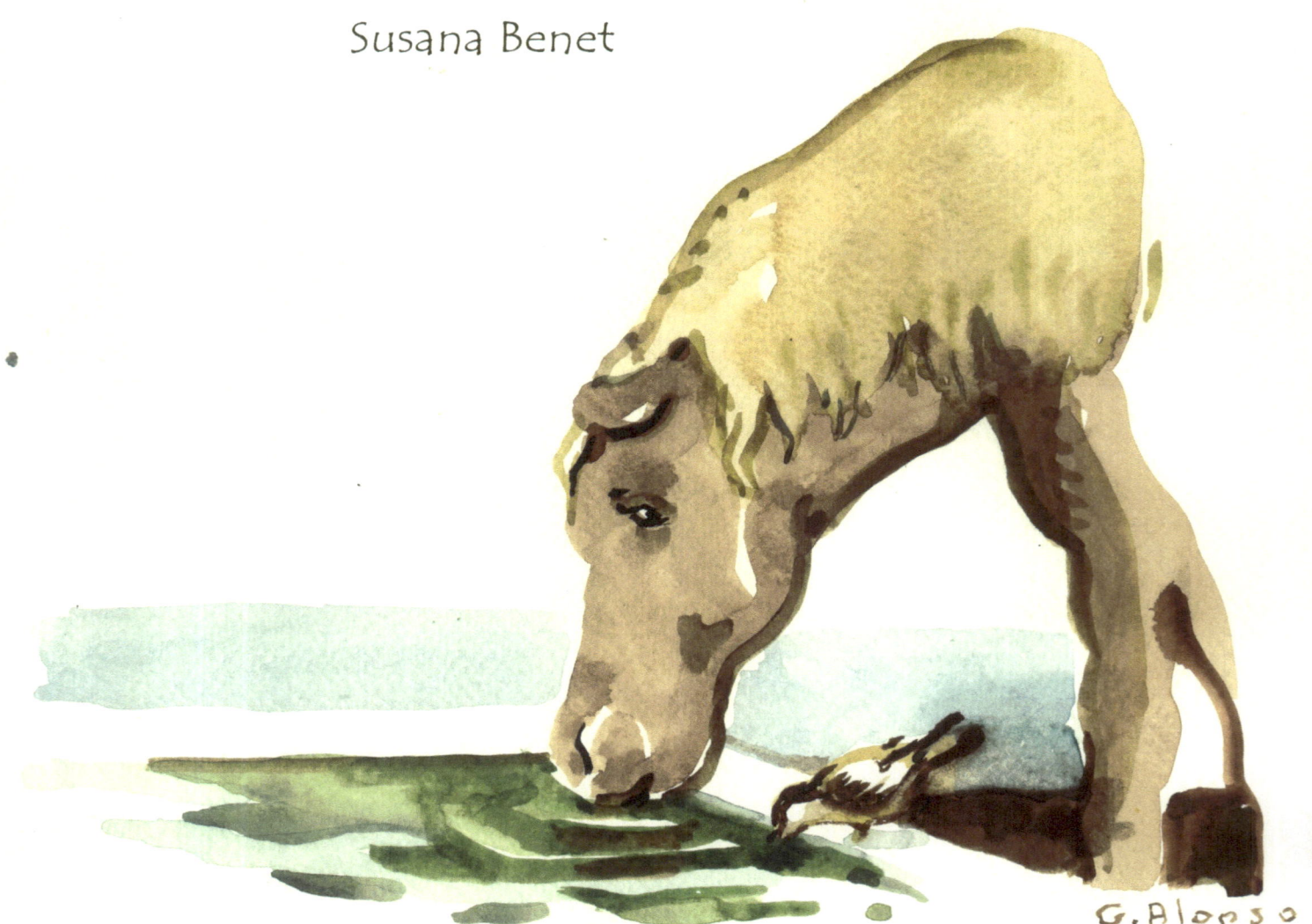

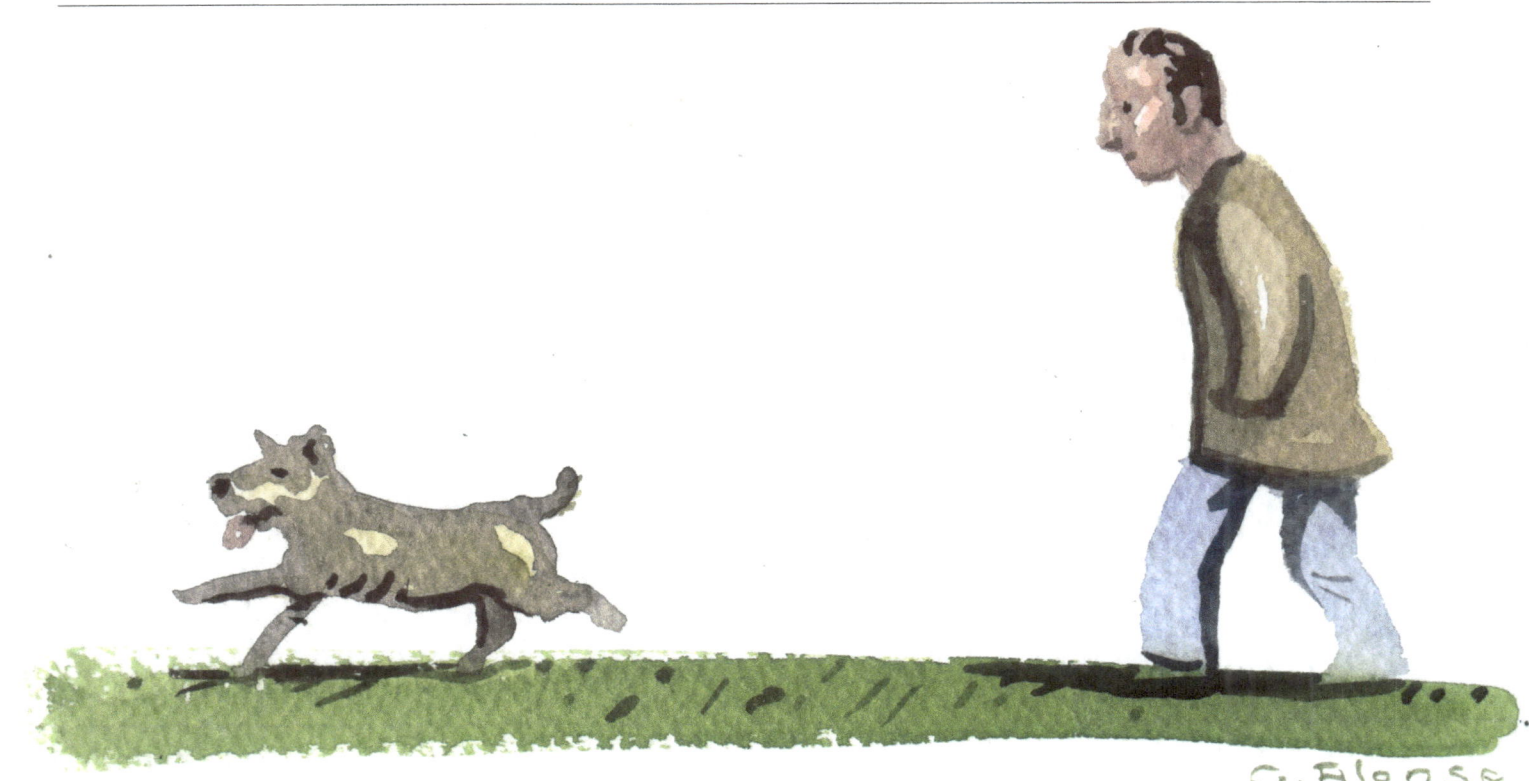

Pasea el perro.
Detrás, con paso lento,
el amo fiel.

Susana Benet

Susana Benet (Valencia, noviembre 1950), es licenciada en psicología, aunque su auténtica vocación es la literatura.

Se inició en poesía a través del haiku, habiendo publicado *Faro del bosque* y *La durmiente* (Editorial Pre-Textos, Valencia), *Lluvia menuda* y *Huellas de Escarabajo* (Editorial Comares-La Veleta, Granada), Lo olvidado (Editorial Frailejón, Medellín-Colombia) y el más reciente: *La enredadera* (Editorial Renacimiento, Sevilla 2015). Se aficionó a la rima componiendo con Gabriel Alonso las historietas del tebeo Los Magrana, algunas de las cuales están inspiradas en experiencias personales. También pinta acuarela y publica cuentos infantiles.

Gabriel Alonso (Ceuta, enero 1969), es doctor en BBAA. Su estilo le hace llevar al lienzo la estética del cómic, lo que le ha convertido en un îpintor raro que va a su aireî en palabras de Juan Manuel Bonet. Ha expuesto, entre otras, con las galerías: I Leonarte (Valencia, 2003, 2006 y 2009), La Decoradora (Alicante, 2003, 2007, 2010) y Cuadros López (Murcia, 2009). Como ilustrador ha colaborado con Eixam edicions, editoral Denes, Cátedra y la editorial digital Uno y cero. Junto a Susana Benet ha editado el tebeo Los Magrana .y colaborado en la revista Opticks Magazine.

PULGAS

Estaba sentado en el arcén, muy quieto, con el hocico apuntando a la carretera. Era imposible no verlo: su largo y espeso pelo negro resaltaba entre la hierba seca como una mosca en un vaso de leche. Aun así, ningún conductor se paró para socorrerle. Ni siquiera yo lo hice cuando mi coche pasó por su lado, tan absorta como estaba en mis preocupaciones.

Después de más de tres años de relación, Jaime había decidido largarse de casa hacía tan solo un par de semanas dejando tras de sí una maleta llena de ropa vieja, un ordenador inservible y un montón de platos sin fregar. Ya creía haber conseguido ordenar mi casa y mis sentimientos hacia mi ex, cuando de pronto me llegó la fatídica noticia: la tía Lourdes acababa de morir y yo tenía que recorrer una distancia de quinientos kilómetros en coche para asistir a su entierro.

Estaba a punto de llegar a la gasolinera en la que pensaba pararme para repostar, cuando de pronto me acordé del perro. Se parecía bastante a Clint, el simpático chucho que tenía mi vecina Lola cuando yo era pequeña. Aquel era un perro muy listo y cariñoso con el que yo jugaba casi a diario. Nos llevábamos tan bien, que cuando Lola se iba de viaje, me lo dejaba para que lo cuidara. Yo aprovechaba esos días para jugar aún más con él y mimarle al máximo. El regreso de su dueña, sin embargo, estaba siempre demasiado cerca, ¡me costaba un mundo devolvérselo! Menos mal que seguíamos siendo vecinos y que al día siguiente volvíamos a vernos.

Ni qué decir tiene lo mucho que sufrí cuando mi peludo compañero de juegos se marchó al cielo de los perros. Fue como si se me rompiera el corazón en mil pedazos. Lloré y lloré durante días. No había nada que pudiera consolarme, ni siquiera los helados de chocolate que mi padre me traía de la heladería de la plaza.

Una vez más calmada, y ante el temor de volver a sufrir tanto, decidí que jamás volvería a encariñarme con ningún otro animal. Y así lo había hecho hasta la fecha.

Pero aquel perro, aquel pobre perro solo en la carretera, aquel pobre perro indefenso y paciente solo en la carretera, ¿qué culpa tenía de mis estúpidas decisiones de niña triste y despechada? Además, ¿es que acaso no podía ayudarle sin llegar al punto de encariñarme con él?, me pregunté antes de decidirme a dar la vuelta para ir a buscarle.

***

-¿Por qué lo has dejado solo en casa? -preguntó mi primo Enrique de mala manera. ¿Y si rompe algo? ¿Y si lo ensucia todo? ¡Seguro que lo llena todo de pulgas!

-Bah, no le hagas caso al gruñón de tu primo -me dijo el tío Fede, despreocupado-.

El animal necesitaba que alguien le ayudara. Si no lo hubieras recogido, habría muerto de calor, hambre y sed. Puede quedarse en casa esta noche, ya mañana veremos.

Llegué a la ciudad a tiempo de asistir a la corta misa que tuvo lugar en la capilla del cementerio. Tras la cremación, los de la funeraria le dijeron a mi tío que le darían la urna con las cenizas de la tía Lourdes al día siguiente. Mientras tanto, podíamos volver a su piso, lugar donde yo me quedaría hasta regresar a mi ciudad y en el que, como les acaba de contar a mi tío y a mi malhumorado primo, había dejado al perro perdido.

Enrique bajó del coche en la puerta de su lujoso chalet. Cuando mi tío y yo nos quedamos solos, no pude evitar preguntarle por los que no asistieron:

-¿Y tu primo Rogelio, el que estuvo trabajando en Bélgica?

-Murió hace dos años.

-¿Y tus amigos Pedro y Pablo?

-Están en uno de esos viajes para viejos. No se habrán enterado siquiera.

Tras una breve pausa, me lancé con la más inevitable de las preguntas:

-Oye, tío, ¿por qué no estaba Fabiola?

-Fabiola no se encontraba bien -dijo intentando no darle importancia al asunto.

-Y si estaba tan mal, ¿por qué Enrique me ha dicho que su coche lo tenía ella esta tarde? -insistí, molesta con mi primo y sus mentiras.

-¿Eso te ha dicho? -preguntó fingiendo no inmutarse-. Yo creía que el coche estaba en el taller. Bueno, no importa. No le demos más vueltas.

Una vez en casa, encontramos al perro sentado ante la puerta, esperando pacientemente. Le había dejado en el patio con un plato lleno de agua y no me explicaba cómo había podido salir de allí él solo.

Intenté disculparme con mi tío por el comportamiento de aquella bola de pelo negro de tamaño mediano. Lejos de enfadarse, se agachó a su lado y se dispuso a acariciarle. Al percatarse de que estaba algo sucio y enredado, se levantó, lo miró muy serio y dijo:

-Amiguito, pareces un perro bueno y cariñoso. No me importa que sepas abrir puertas solo y hasta te decidas a darte un paseo por la ciudad. Puedes quedarte esta noche en casa, pero solo si antes te das un buen baño.

-Va a ser un engorro lavarlo en el plato de ducha -me quejé.

-Hay una clínica veterinaria al final de la calle, de esas que también tienen peluquería -dijo mi tío a la par que miraba su reloj-. Estamos a tiempo de llevarlo a que le den un baño y le echen un vistazo. Si tiene dueño, nos lo dirán, ¿verdad?

-Sí, es obligatorio que los perros lleven un chip de identificación hoy en día.

-Venga, pues vamos -dijo volviéndose hacia la puerta.

-¿Es que vas a venir? ¿No prefieres quedarte aquí?

-Si me quedo solo ahora mismo, se me caerá la casa encima, sobrina. Me vendrá bien distraerme un rato -concluyó antes de salir por la puerta con el perro pegado a sus tobillos. Como si conociera a mi tío de toda la vida.

El veterinario, un chico joven y muy amable, nos dijo tras el baño y los pequeños retoques de peluquería que el perro estaba en buenas condiciones, a pesar de haber pasado unos cuantos días en la calle. La mala noticia era que no tenía chip, por lo que era imposible encontrar a sus dueños.

-¿Pero cómo que no tiene chip? -pregunté, anonadada. Durante el viaje de camino a la ciudad me había hecho a la idea de que no había sido abandonado, sino que alguien lo había perdido y lo estaría buscando desesperado.

-A veces ocurre -dijo el veterinario encogiéndose de hombros-. Puede que lo tuvieran en el campo y su dueño jamás lo llevara a un veterinario. Sería recomendable ponerle las vacunas de rigor.

-Sí, hágalo. Las pagaré, no hay problema -contesté mientras miraba al perro, tan feliz a pesar de estar en un sitio que la mayoría de mascotas odiaban-. Pero, ¿qué hago yo ahora con él?

-Quédenselo. Les hará muy feliz -sugirió el veterinario.

-No, yo no puedo -balbució mi tío con cara de circunstancias.

-Yo paso casi todo el día fuera de casa. Me sería imposible atenderle como es debido -alegué yo por mi parte.

-Entonces llévenlo a la perrera municipal -dijo el veterinario.

-Sí, sí, mañana lo hará mi sobrina -dijo el tío Fede retomando su aire alegre, la mano fuertemente aferrada a la cuerda que le habíamos comprado al perro de camino al veterinario, tan bien anillada al precioso collar que también le regalamos-. Ahora, perrito, cuando te pongan las vacunas, nos vamos a dar un paseíto por el parque y a comprarte una galletitas. ¡Ya verás qué bien lo pasamos!

***

Me disponía a la mañana siguiente a llevar al perro a la perrera, cuando el tío Fede, con cara de pena, me dijo ante la puerta principal:

-Entonces, ¿lo vas a llevar?

-¿No es lo que acordamos? -pregunté desarmada ante aquella mirada triste.

-Anda, no te lo lleves todavía. Es un perro tan bueno y tan inteligente...

Miré al perro, sentado tranquilamente a mi lado. El tío Fede insistió en que le cortaran el flequillo para poder verle bien la cara. También le cortaron las uñas y unas cuantas rastas. Aunque no era un perro de raza, aquel peludo lucía tan guapo como si lo fuera. ¡Y lo bien que se lo habían pasado el tío Fede y él jugando en el parque la tarde anterior! Mi tío le tiraba un palo, y él corría tras él una y otra vez. Solo cuando anuncié que el supermercado estaba a punto de cerrar e íbamos a quedarnos sin cena, consintieron ambos en dejar el parque.

Tras la cena, mi tío y yo nos sentamos ante la tele fingiendo ver una película con el perro entre ambos en el sofá. Pronto comenzamos a hablar de la tía Lourdes, de lo alegre que había sido de joven, de lo que les había costado criar a Enrique con el mísero sueldo de aquellos años, de lo mucho que mis dos tíos me querían, de aquella enfermedad que fue consumiéndola poco a poco...

Mi tío temía que todos aquellos recuerdos, la mayoría de ellos hermosos, se quedaran encerrados en aquellas cuatro paredes cuando él se marchara. No faltaba mucho para que eso sucediera. Intentando contener las lágrimas, me confesó que tenía que dejar la que fuera su casa durante tantos años en unos días. En los planes de la nueva propietaria del inmueble no entraba seguir alquilando un piso tan bien situado por un precio tan bajo. Quería reformar todo el edificio y subir el precio de los pisos. Hacía solo un par de meses, después de muchas idas y venidas, mi tío consiguió que consintiera en dejarle quedarse pagando la renta de siempre hasta que la tía, que ya estaba muy deteriorada, falleciera.

Tras contarme aquello, ambos soltamos unas cuantas lágrimas de tristeza y rabia.

Nuestro peludo compañero no se separó de nosotros ni un segundo. Como si acaso supiera que en aquellos momentos necesitábamos de todo el apoyo que pudiera darnos.

Los ojillos de color miel de aquel perro se clavaron en los míos dulcemente durante la noche. También lo hicieron aquella mañana que yo pretendía deshacerme de él. Por un momento, sentí como si mi corazón roto en mil pedazos comenzara a recomponerse.

-Está bien, no lo llevaré a la perrera -dije finalmente-. Pero no puedo quedármelo.

Paso fuera de casa muchas horas al día, no podría ocuparme bien de él. Cuando llegue a mi ciudad, lo intentaré en la perrera de allí. Y si no, pondré anuncios en internet.

***

-He estado leyendo cosas en internet sobre perros abandonados.

-¡Ay, qué susto me has dado! No te he escuchado entrar en la cocina -dije mientras daba un saltito, la mano fuertemente aferrada al mango de la sartén en la que estaba preparando una tortilla española para el almuerzo-. Has estado mirando cosas en internet? ¿Sabes usar un ordenador?

-¡Claro que sí! -dijo a la par que se sentaba ante la mesa-. Bueno, a lo que íbamos: he leído en internet que no solo se abandonan cachorros de perros mestizos, sino también algunos de raza. La gente los compra en Navidad y cuando llega el verano y se van de vacaciones, ¡hala, a la calle! También abandonan a los perros de caza, cuando no los matan en el campo. ¿Y qué me dices de los perros viejos? Cada vez son más los perritos de la tercera edad que aparecen por ahí, solos y tristes. Llegar a viejo para eso, para que unos canallas se deshagan de ti como si fueras una bolsa de basura apestosa. ¿Qué te parece?

>> Y a ti, Pulgas, ¿qué te parece? -dijo dirigiéndose a nuestro peludo compañero, que no paraba de dar vueltas en la cocina buscando algo que comer en el suelo, como si una salchicha o una galleta fueran a brotar de las baldosas por arte de magia.

-¿Pulgas? ¿Le has puesto nombre? No deberías, tío -le reñí.

-Bah, ¿qué malo tiene que yo le ponga nombre? ¿Verdad, Pulgas? -dijo sacándose del bolsillo una galleta perruna que el animal agradeció con brincos y mimos.

Volví a pensar en mi vuelta tras el almuerzo. No me apetecía nada regresar a aquella casa tan vacía y aquel trabajo tan tremendamente aburrido. Jaime y yo no nos habíamos llevado muy bien en los últimos tiempos, pero al menos cuando él estaba, tenía un motivo para volver a mi piso cada día.

¿Qué me deparaba el futuro? ¿Tal vez un mejor puesto en la empresa? ¿Algún escarceo con otro tipo que no fuera capaz de quererme?, me pregunté mientras veía jugar a mi tío y a Pulgas en el saloncito con la pelota que el primero le había comprado al segundo en cuanto se enteró de que aún pasarían un tiempo juntos. ¡Qué felices se les veía! Como si hubieran sido amigos desde siempre.

-Ah, me ha llamado Enrique -dijo de pronto mi tío-. Ya tiene las cenizas de la tía. Vendrá luego, antes de la hora de la cena. Me ha dicho que hablaremos de cosas importantes. Imagino que me pedirá que me vaya a vivir con él a su casa.

-¿A vivir con él a su casa? -pregunté extrañada.

-¿Qué otra cosa puede ser? -preguntó ante mi cara asombrada-. Enrique sabe perfectamente que no podré pagar el alquilar el mes que viene con mi pensión.

>>He estado mirando algunos pisos que me puedo permitir. La mayoría son horribles, pequeños y sucios. Esta ciudad se ha vuelto un sitio muy caro y la gente no tiene consideración ni siquiera por los mayores.

>>Además, me da mucha pereza irme a vivir solo. Enrique sabe todo esto y seguro que lo ha estado pensando. En su casa hay sitio de sobra, y yo soy muy autónomo. Si Begoña no fuera alérgica a los perros, me llevaría a Pulgas conmigo.

Conocía bastante bien a mi primo y no me entraba en la cabeza que quisiera llevarse a su padre a vivir a su estupendo chalet. Enrique era de los que, a pesar de vivir a pocos kilómetros de sus padres, apenas los visitaba. Ni siquiera tenía claro que hablaran mucho por teléfono antes de la muerte de mi tía Lourdes. Tan orgulloso y presumido, tan contento de haber conseguido un buen puesto de trabajo, renegaba de sus orígenes humildes y, por ende, de sus ancianos padres.

No le dije nada de lo que pensaba a mi tío. Este parecía contento ante la idea de la visita de su hijo y de esa propuesta tan maravillosa que tenía que hacerle. Deseando que el pobre estuviera en lo cierto, me fui a la cocina a preparar café.

***

-¡Maldito chucho! ¡Qué hace este bicho todavía aquí?

Me tropecé con Enrique en el portal. Yo volvía de pasear a Pulgas por el parque y él ya iba de camino a su coche tras una visita a su padre que no debió de durar ni un cuarto de hora. En cuanto lo vio, Pulgas se puso como loco. Ladraba y tiraba de la cuerda con intención de atacarle. Mostraba tanta fuerza, que me costó sujetarle.

-Es un perro muy dócil, no lo entiendo -dije, a manera de disculpa.

-Sí, seguro que sí -dijo dedicándome una mirada furiosa.

Una vez que el coche se puso en marcha, Pulgas volvió a ser el perro tranquilo y cariñoso de siempre. Alegremente, entró en la casa. Allí nos esperaba mi tío, sentado en el sofá con la urna de las cenizas de la tía Lourdes fuertemente aferradas a su pecho. La habitación en penumbra y el silencio con el que nos recibió mi tío, me hizo intuir que nada bueno había pasado entre padre e hijo.

-Me he encontrado a Enrique abajo -le tanteé.

-Sí, ya ves. Mi hijo me ha traído lo que queda de mi Lourdes -dijo con un tono sombrío-. Me ha dicho que en su casa no puedo quedarme, que eso sería mucho lío para su mujer. Quiere que me vaya a una residencia de ancianos. Ha encontrado una que puedo pagar con mi pensión, porque él dice que el sueldo no le llega para poner más. Conozco ese sitio. A Paco, el vecino del tercero, lo metieron allí sus hijos. Una vez fui a visitarle y me dio mucha pena. No es un buen lugar, te lo aseguro. Pero mi hijo quiere llevarme allí, como si fuera un trasto inservible, como si...

No pudo seguir hablando, las lágrimas se lo impidieron. Inmediatamente, Pulgas se subió a su lado en el sofá y comenzó a lamerle la cara. Mi pobre tío comenzó a reír a la par que lloraba. Cuanto más reía, más se animaba el perro. Pronto mi tío se olvidó de llorar y comenzó a acariciarle el lomo. Mientras lo hacía, cogí con cuidado la urna de las cenizas del regazo y la puse en un estante que había sobre la televisión.

Me volví a mirarlos y una extraña sensación de placidez recorrió mi cuerpo. Hacía mucho, tal vez desde que mis padres murieran y mi hermana se marchara a vivir a Suecia, que no me sentía tan bien, tan reconfortada en compañía de alguien. Supe que quería que esa sensación durara para siempre. Por eso, cuando acabaron de jugar, les comuniqué lo que se me había ocurrido.

***

-Oye, ¿tú crees que Pulgas va bien ahí detrás?

-Sí -bufé-. Era la quinta vez que me lo preguntaba desde que salimos de la ciudad.

-Pulgas, ¿estás bien ahí detrás? -le preguntó de todas formas al susodicho al tiempo que se volvía para mirarlo-. Sí, parece que sí.

>> Sobrina, ¿y si paramos para comer algo? Pulgas dice que tiene hambre.

-Claro, tío, lo que queráis -dije pacientemente.

-¿Y dices que cerca de tu casa hay un parque grande? Mira que Pulgas necesita dar paseos y jugar al aire libre.

-Y un club del pensionista, un supermercado, una sala de cine, un...

-Vale, vale, ¡cuántas cosas! -me interrumpió antes de soltar una carcajada-. Oye, ¿estás segura de la decisión que has tomado?

-Tito, no me lo preguntes más. ¡Claro que estoy segura! Tía Lourdes y tú habéis sido siempre para mí como mis segundos padres. Lo único que siento es llevarte tan lejos de la ciudad en la que has vivido tantos años. Pero ya verás lo bien que vais a estar en casa. Mi piso es grande y está en una zona bonita. Además, ya empezaba a sentirme demasiado sola. -dije dedicándole una sonrisa-. Mira, tío, ahí enfrente es donde encontré a Pulgas.

-¿Ahí mismo? Vaya, Pulgas, qué suerte tuviste de que te encontrara mi sobrina. Bueno, hemos tenido suerte los dos, porque mira que llevarnos a los dos a casa, ¡a estos dos pobres perros abandonados!

Pulgas ladró un par de veces, como si acaso hubiera entendido a mi tío. Le miré por el espejo retrovisor. Él me miraba con sus intensos ojos de color miel. Si la radio no estuviera tan alta y mi tío no parloteara tanto aquella tarde en la que viajábamos de vuelta a casa, juraría que le había escuchado decir "gracias".

Cristina Monteoliva

Cristina Monteoliva (Almuñécar, 1978) cursó estudios universitarios en Ciencias Ambientales y tiene un Master en Medio Ambiente y Gestión del Agua, entre otros títulos. Ha sido finalista del Concurso de Narraciones Breves del diario Ideal en 2007 y 2008 con sus relatos Mala suerte y El cambio. Ha participado en varias antologías de relato y ha publicado las novelas *Elías y los ladrones de magia* (2013) y *Corazones en barbecho* (2014). En la actualidad compagina sus labores como escritora y reseñista en www.laorilladelasletras.blogspot.com.

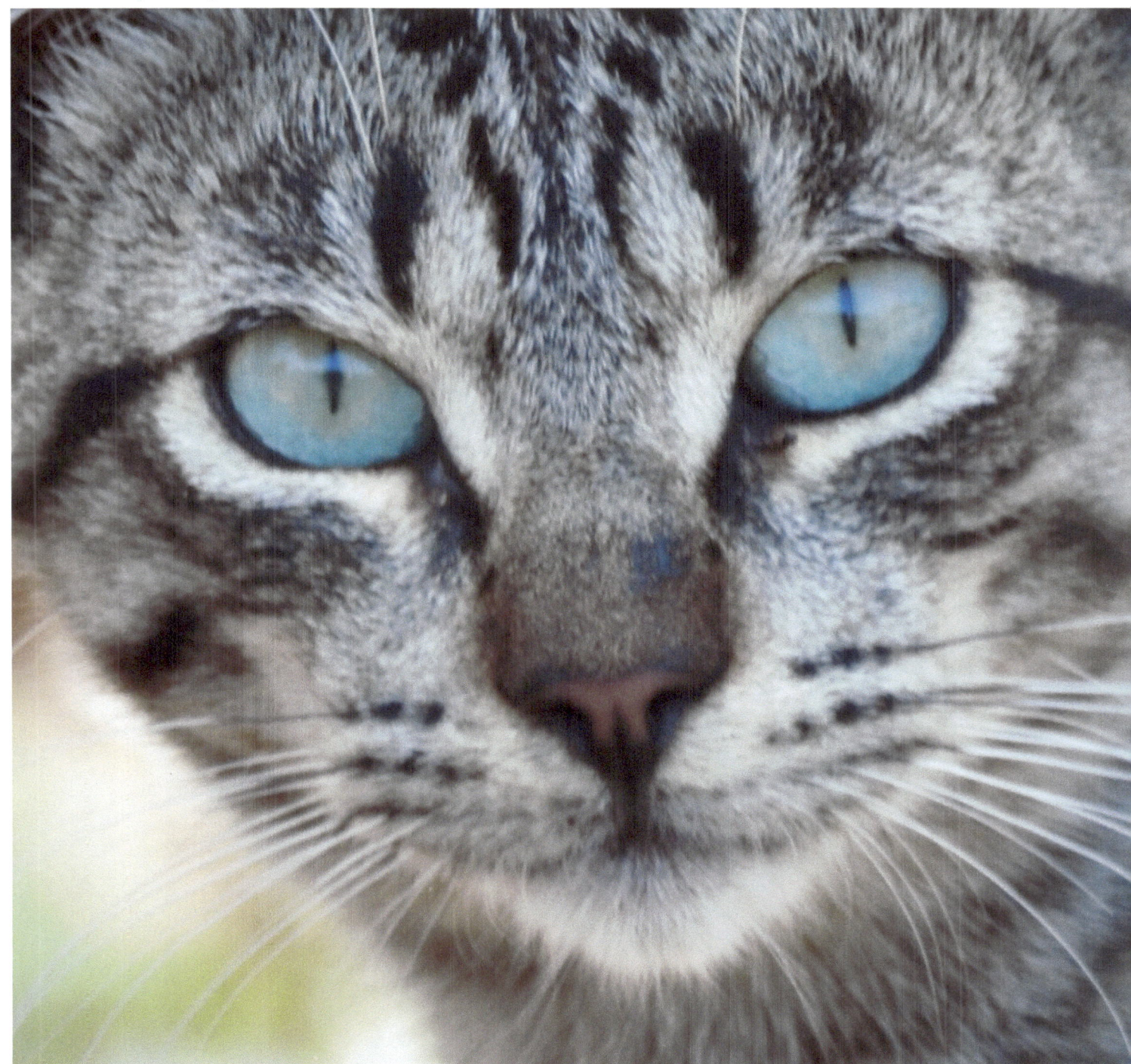

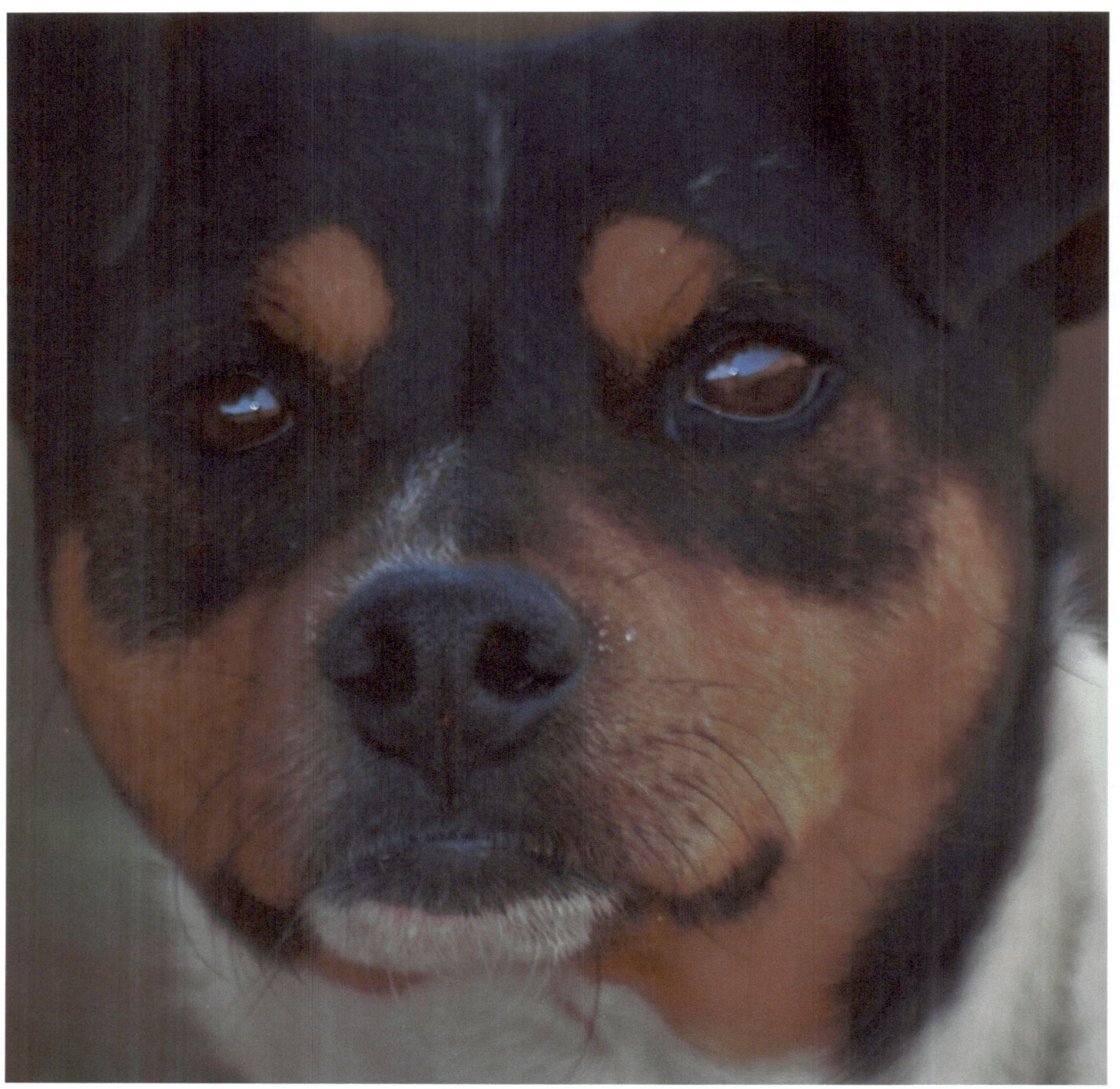

CUANDO PUEDO

Cuando puedo, cuando tengo tiempo...y ganas (no todos los días tengo el alma preparada para estos viajes) salgo al campo con mi cámara de fotos. Muchas veces no tengo un objetivo claro, vago por los caminos o voy campo a través por zonas ya conocidas, bien porque he pasado antes con mi bici o por que las he recorrido andando con mi hijo, el mayor, y que por alguna razón me gustan (y las pongo en una lista de futuras rutas fotográficas). Cuando hago fotos voy solo y nunca, pero nunca, llevo la cámara cuando hago otras cosas (a excepción de cuando hago turismo). - Si salgo a hacer fotos... exclusivamente voy a hacer fotos-. Es un momento íntimo con la naturaleza a la que uno la ancestral emoción de la caza, pero con la bendita tranquilidad de que lo cazado, ni sabe de mi captura, ni le afecta (o mínimamente).

Me asombro (siempre) de la cantidad de cosas que soy capaz de ver cuando realmente voy tranquilo y poniendo atención en todo lo que me rodea. Tengo la impresión de que cuando no hago fotos paso por la vida como un tanque. Voy rápido, arrasando y, con suerte, al igual que un tanquista, consigo mirar por la minúscula mirilla para no empotrarme contra los objetos más grandes mientras intento no salirme del camino trazado. No sólo eso, cuando descargo las imágenes en el ordenador y aparecen en la pantalla, compruebo que a pesar de haber mirado lo suficiente como para intentar captar ese fugaz momento con mi máquina, aparecen detalles en los que no reparé cuando apreté el botón de disparo ¡ siquiera estando atento soy capaz de asumir/admirar todo el inmenso mundo que me rodea! ¡Cuánto me gustaría tener una máquina del tiempo para poder parar este flujo que nos arrolla, que nos empuja hacia no se sabe dónde, hacia no se sabe qué o, hacia no se sabe quien para poder disfrutar cada instante. (Por ahora me conformo con este pobre sustituto que es la fotografía)

Claro ejemplo de estas consideraciones son las dos fotografías que presento: un perro y un gato que me encontré por unos de esos lugares por lo que pasé. Hice las fotos porque me gustan los animales (sería más exacto decir que me fascinan). Me impresionó el color de los ojos del gato y el perro me recordó al animal que mas he querido en mi vida, el maravilloso perro de mi Tío Juan que, verano tras verano, me esperaba en el pueblo de Mallorca de donde es oriundo mi padre. Me fui a mi casa y cuando aparecieron las instantáneas en la pantalla (ese tiempo petrificado - ¡qué milagro!-) pude observar la cantidad de detalles que se me pasaron por alto cuando apreté el botón de la cámara. Me imagino, amigo lector, que reparé en lo mismo que estás percibiendo ahora: la personalidad que se trasluce en el retrato de los dos animales. En el primero, el gato, cierta desconfianza, inteligencia y curiosidad. En el perro, desafío, orgullo de su trabajo (estaba vigilando su cortijo) y lucidez. No son sólo dos animales, son dos animales con personalidad, con sus historias, sus miedos, sus filias y su fobias, únicos e irrepetibles. No es un perro, es -ese perro- diferente a todos los demás y no es solamente un gato, es -ese gato- diferente a todos los demás.

En este caso me sorprendió que me sorprendiera... a mí, que durante años he trabajado con perros y gatos y sé, mejor que muchos, que cada animal es único y que dentro de cada animal cabe un universo personal y exclusivo. Igual, igual, que el que cabe en cualquiera de nosotros, los humanos.

Enrique Morey

Nazco en Madrid en septiembre de 1969. Desde los tres años comienzo una vida itinerante junto a mi familia, que me lleva de Oviedo a Palma de Mallorca. La vida universitaria se desarrolla entre Las Palmas y C·ceres, donde finalizó la carrera de Veterinaria. Mi carrera profesional se ha desarrollado entre Granada y Huércal-Overa, principalmente.

La afición a la fotografía me ha acompañado por todo este periplo, si bien es en Ronda, mi residencia actual, donde la retomo con más pasión y consigo ganar algunos premios locales como el Maratón Fotográfico Ciudad de Ronda de 2015.

En 2016, publico mi libro Mi Camino del Norte.

http://amzn.to/2ek2fzo

PERROS ABANDONADOS EN LA PLAYA

Soplaba el viento y levantaba remolinos de polvo emergente
cegando las pupilas como difusas gaviotas oteando la playa.

Encrespaba las olas y peinaba sus rizos esparciendo la espuma
en suspiros de sal desvanecida y reflujos azul turquesa.

Anunciaban las nubes declives del verano cumplido
y cuerpos broncíneos recogían parasoles doblegados
por la lanzada de la luz que envolvía los áureos miembros,
estremecidos en la tarde que entrega su collar de perlas.

Los últimos bañistas resistían escribiendo su nombre
en el barro marino de la orilla, donde las huellas visibles
de los ausentes perfiles de sus pies insinuaban.

A lo lejos, sólo perros perdidos en la playa olisqueaban
los detritos de los más descuidados o aquellos que el mar
y las olas arrastraron hacia la tierra firme, en cuya orilla
copulan con las aguas y engendran microscópicos seres.

Perros abandonados en las playas que estiran su tristeza
en busca de un gesto de ternura hasta perderse, huérfanos,
olfateando en la arena olores que delaten la ausencia de sus amos,
felonía de la deslealtad humana que traiciona jadeos,
ladridos de alborozo que acuchilló, fingida, la memoria.

Gime el desamparo en sus aullidos, adormecida conciencia
que deja atrás el paraíso y despierta en azarosa pesadilla.

Perros melancólicos arrastrando su pena, que recorren
Sonámbulos una playa desierta donde el mar ya se acaba
y sus ladridos son ayes del desamor cumplido en lontananza.

José Antonio Sáez Fernández

Nació en Albox (Almería) en 1957. Es licenciado en Filología Hispánica por la Universidad de Granada y profesor de Lengua y Literatura Españolas en EESS. Es autor de más de una decena de títulos de poesía, crítica literaria y relatos breves, entre los que cabe citar *Libro del desvalimiento* (1997), *Liturgia para desposeídos* (2001), *Las Capitulaciones* (2007) en poesía; "Virginia Woolf no pudo amarme"(1983) y "El sueño de Omalquirán" (2014) en relato corto y "La revista sevillana <<Nueva Poesía>> (Sevilla 1935-36)". Trascendencia y significado de un baluarte de la poesía pura", en crítica literaria, entre otros más. Formó parte del colectivo literario "Batarro" del consejo de redacción de la revista literaria del mismo nombre, así como de sus colecciones de poesía, ensayo y narrativa.

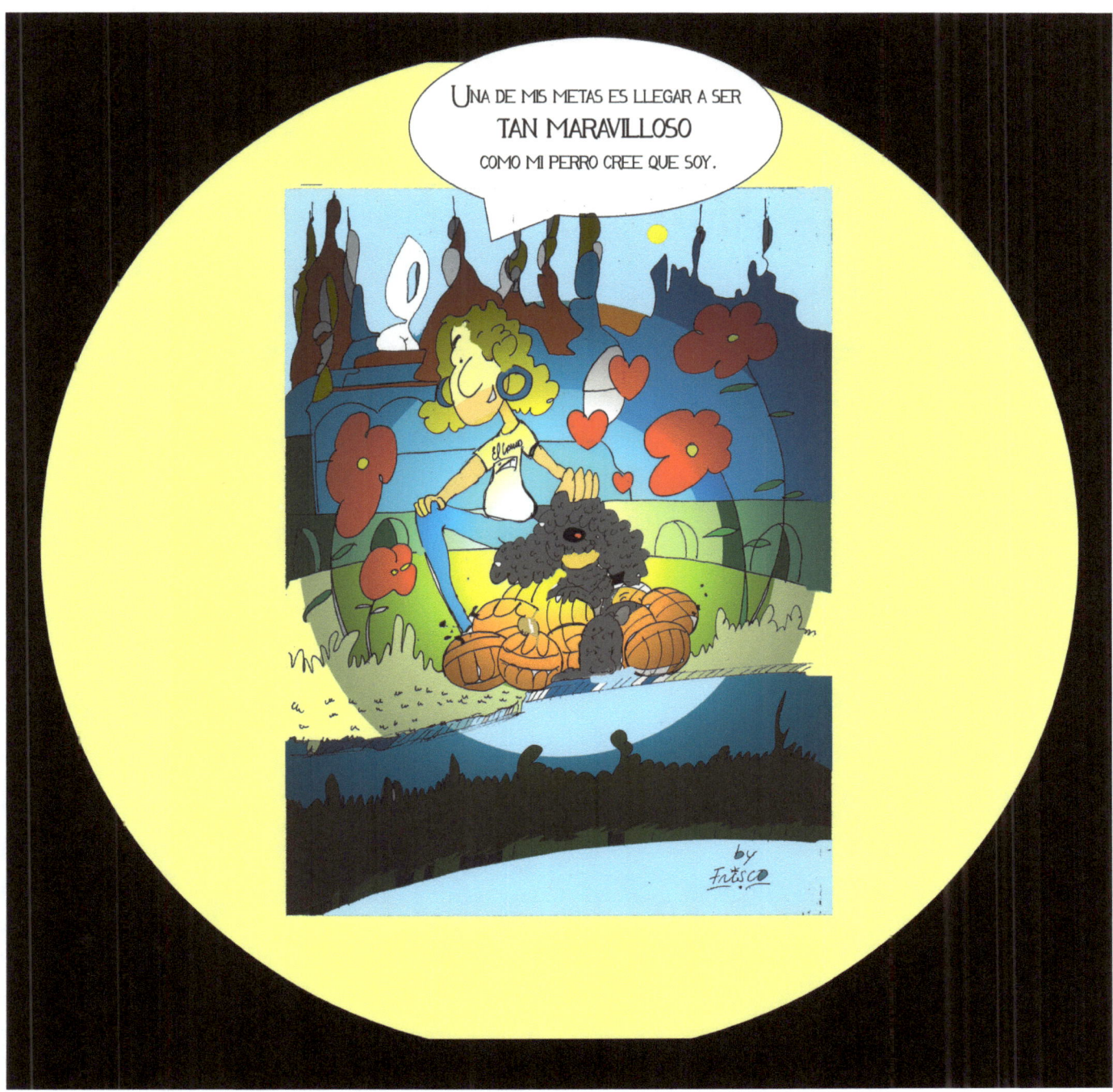

Francisco Jesús García Pérez

Francisco Jesús García Pérez, nacido en Albox (Almería) 19-02-1962, desde muy pequeño siente fascinación por el arte, sobre todo en la disciplina del comic, copia a los clásicos y todo lo que le cae en las manos. Estudio BBAA en la facultad de Granada, actualmente se dedica entre otras disciplinas, como la escultura y la cerámica, a la ilustración, e imparte clases de dibujo en Albox, en el IES Martin García Ramos.

http://artepaunlaocreamika.blogspot.com

EL PODER

Sofía inspecciona minuciosamente la nueva casa. Aris y Mine no son problema, porque puede acceder a lugares vedados para ellos, que se limitan a husmear por los rincones y olfatear el pasillo, las escaleras y los bajos de las puertas. Sofía es curiosa y, con la agilidad que la caracteriza, sube y baja, entra y sale, sin que los otros miembros de la familia ni siquiera se percaten. Todos están muy atareados con la mudanza, descargando cajas, abriendo bultos y colocando cosas. Además, Sofía se lleva muy bien con sus hermanos caninos. Ella llegó la última y los dos Terrier la recibieron con cordialidad, le hicieron en seguida un hueco e incluso se podría decir que la adoptaron, pues Sofía fue abandonada cuando tenía tan solo cuatro semanas y prácticamente no recordaba a su verdadera madre, si bien conservaba un vago recuerdo de su olor y del calorcito de su cuerpo. Cuando Alicia la encontró y la llevó a casa, a sus padres no pareció hacerles mucha gracia la idea, el piso era pequeño y ya tenían dos perros, pero su buen corazón les impidió dejarla, primero la tuvieron de acogida, pero antes del mes ya habían decidido quedársela. Ahora, no es que le entusiasmara, ¡era una gata!, pero hasta salía a dar paseos con Alicia, Aris y Mine. Lo que más le gustaba -aparte de la ilusión que le hacía a la niña y el orgullo de sus compañeros- era ver la cara de la gente cuando los veía. Ese era uno de los alicientes de mudarse, pues al fin y al cabo en el otro barrio ya estaban acostumbrados a verlos... Le encantaba entonces, cuando alguien cuchicheaba o abiertamente los señalaba, exagerar su paso y fingir su pose perruna, se lo pasaba bomba. Sofía, como buena felina, era independiente y orgullosa, pero lo cierto es que tenía verdadero cariño a su familia y no le importaba hacer algún pequeño sacrificio; les debía mucho, a todos.

En su revisión a la casa, Sofía descubre una estancia amplia y luminosa que promete ser su segundo hogar. La mesa grande debajo del ventanal, las estanterías y los sillones anuncian que se trata del despacho de Joan, donde ella pasa tantas horas. No cree que en esta casa sea diferente, siempre le ha permitido estar con él mientras trabaja, y no piensa abandonar esa costumbre. Le fascina la profesión de su dueño. Ya no solo por el rimbombante título que reza la placa: Joan Díaz, neurocientífico, bioquímico y quiropráctico, especialista en desarrollo personal. Sino también por el contenido de sus charlas, por la firmeza de sus palabras, por la pasión y entrega con sus pacientes. Y además, porque su estilo de vida era coherente con su trabajo, no era un mero charlatán, no, creía en lo que hacía y así lo reflejaba en su vida y en su personalidad. Sofía había aprendido mucho en los dos años que llevaba con él. Al principio, se refugiaba en el despacho porque era un lugar con mucho sol y oía la voz de Joan como música de fondo de sus dulces sueños gatunos. Pero poco a poco, su discurso fue calando en el pequeño cerebro de Sofía hasta que un día se dio cuenta de que acudía "a la consulta" y se mantenía con las orejas erguidas como dos antenas, aunque tuviera los ojos cerrados, así asimilaba mejor la información.

Rememorando esto, con cierta nostalgia por su antigua casa, la peluda gatita gris sube a la ventana y mira hacia abajo. Viven a partir de ahora en un dúplex y parece ser que en el piso inferior hay un bonito patio. Le llaman la atención a primera vista las macetas de coloridas plantas y los bonitos azulejos, sin embargo de pronto se fija en que hay una verja que divide el patio en dos partes muy desiguales y que en la más pequeña, detrás de la valla, está tumbado un chucho pardo y delgado, bajo el suave sol matinal. Quizás ahora se está bien ahí, pero Sofía no puede evitar pensar en que ya es casi pleno verano. Venga, no te adelantes, Sofi. Las cosas no siempre son lo que parecen. Seguro que es un lugar temporal. La gata aparta la vista y se sacude, quiere quitarse de encima la mala impresión que le ha causado el dichoso patio de abajo, y salta al suelo, deslizándose por la puerta entreabierta justo cuando Joan entra con una caja de libros para colocar.

El día transcurre rápido con el ajetreo de la mudanza. A la hora de la cena, Aris y Mine ya se han instalado en su cómodo sofá debajo del hueco de la escalera y Sofía dormita también en las rodillas de Alicia, aburrida momentáneamente de tanta novedad. Llega la hora de acostarse, Joan y Eva dan un beso a Alicia antes de retirarse y la niña coge a Sofía para llevársela a su habitación. Ella se deja llevar con mucho gusto y decide que sí, que dormirá con Alicia esta noche, pero todavía no tiene claro dónde se instalará. Espera que le compren una nueva cama, la suya la tiraron al dejar el otro piso porque estaba muy estropeada. Aris y Mine son más cuidadosos, le dicen, y qué culpa tiene ella de que la naturaleza la haya dotado de unas maravillosas uñas que debe afilar periódicamente. La verdad es que lleva ya tres rascadores y dos camas en su corta existencia, pero ese es el precio a pagar por no tocar nada de la casa, esas cortinas y esos respaldos y asientos tan tentadores. Al poco de dormirse, cuando a?n estaba en el primer sueño, como suele decirse, Sofía se despierta sobresaltada por unos golpes y unos quejidos. Solo le hace falta centrarse un poco para entender que se trata del galgo que vio en el patio por la mañana. El pobre se lanza desesperado contra la verja de metal y gimotea queriendo llamar la atención de quienes no parecen hacerle caso. La gata no lo ve, pero se lo imagina nítidamente, tiene un fino oído y el ruido no deja lugar a dudas. Así contin?a sobrecogida Sofía, preguntándose cómo es posible tal situación, recriminándose pensar mal, es la primera noche y puede que eso no sea lo habitual. No se imagina que alguien sea capaz de tener un animal en otras condiciones muy diferentes a las que ella y sus hermanos Terrier disfrutan. Aunque pensándolo bien, sí, ella misma fue víctima de un cruel abandono y ha escuchado muchas veces a Alicia hablar con sus padres de situaciones injustas para las pobres mascotas. Poco a poco, después de mucho tiempo, los golpes y lloros cesan y Sofía no puede evitar quedarse dormida, si bien con la firme idea en la cabeza de hacer algo al respecto.

Afortunadamente, Eva tiene la costumbre de airear la casa todas las mañanas. Ya hace algo de calor, pero Alicia es friolera y todavía no abre la ventana por la noche. Y en cuanto todos se levantan y se ponen a sus tareas, Alicia se va al cole, la lleva su madre que aprovechará la mañana para hacer unas compras, y Joan sigue acondicionando su despacho y, bueno, los perros a?n dormirán un buen rato más después de su primer paseo, Sofía sale por la ventana y baja rápida y ágilmente por las repisas hasta el patio del vecino de abajo. El galgo parduzco parece adormecido, pero se levanta en cuanto nota la presencia felina y se pone a ladrar, como es normal. Suponía que reaccionarías así, quiero ayudarte, ser tu amiga, me llamo Sofía, ¿y tú? Como respuesta solo recibe silencio, un enérgico movimiento de rabo y un tímido acercamiento por debajo de la valla. No está mal para empezar, al menos creo que le he caído bien. Y de pronto, la puerta que comunica el patio con la casa se abre y sale un hombre, escoba en mano, calla, chucho. Largo de aquí, maldito gato. Sofía trepa veloz por las ventanas. No parece que a este señor le gusten mucho los animales, bufa Sofía, malhumorada.

Hoy la gata no tiene un buen día, todos lo han notado, porque se mueve inquieta por la casa, no ha jugado como de costumbre con Aris y Mine, casi ni ha comido, lo achacan a la mudanza, se está adaptando, dice Joan cuando Alicia se queja porque Sofía se revuelve cuando la niña intenta mantenerla en su regazo después de comer. Solo cuando escucha a Eva comentar a su marido algo sobre el perro de abajo, no es justo, se para frente a ellos y empieza a maullar. No puedo hacer nada, dice él, todavía es pronto, esperemos a ver. Sofía no piensa esperar. De él ha aprendido que uno tiene que tomar las riendas de su vida y que la realidad puede cambiar si cambian tus pensamientos, que no hay que conformarse con una existencia que no te gusta. Y efectivamente, cuando llega la noche, y se repiten los golpes y lloros del galgo, Sofía es presa ya de una fuerte determinación. El sueño la vence a ratos, pero pasa toda la noche concentrándose en lo que quiere conseguir, pidiendo que al día siguiente el vecino no esté y pueda hablar tranquilamente con Valentín, así ha decidido llamarlo, es el nombre que se le ocurrió al verlo, y le parece que le viene ni que pintado al delgaducho y triste de abajo.

La gata repite la operación de bajar al patio y hoy el galgo no le ladra, diría que te alegras de verme, amigo. Las persianas están bajadas y Sofía se siente satisfecha, no hay nadie en casa. Mira, Valentín, voy a ser clara, así no puedes seguir, debes ir con tu mente más allá del espacio y de tu cuerpo, visualizar la vida que quieres y cambiar tus pensamientos para que este cuchitril donde vives cambie. Tú ahora crees que esto es lo que te mereces, seguro que siempre te han tratado como si no valieses nada, pero no, todo lo bueno que puedas imaginar te espera ahí afuera. Al galgo le cuesta reaccionar, la escucha embelesado porque nadie nunca le había hablado con cariño... ¿Cómo me has llamado? Pero bueno, de todo lo que te he dicho, ¿sólo te ha impresionado el nombre? Me gusta, y vuelve a mover el rabo con alegría.

Pasan los días y las noches. Al principio, Sofía cree que su amigo Valentín no le hace ni caso, sigue escuchando sus lamentos contra la verja, pero cada vez menos. Por eso baja cada mañana y le habla con una profunda convicción de todo lo que ha aprendido en la consulta de su amo, de los cambios que relatan los pacientes, de que todo está demostrado científicamente, de que ella misma también trabaja en pensar una vida mejor para él. Nunca más se ha vuelto a encontrar con el vecino. Sofía sabe cómo hacer realidad sus deseos. Y un día de finales de julio, cuando la peluda gata gris baja al patio, Valentín no está. No le sorprende, no duda ni un momento de que lo ha conseguido, pero cuando vuelve a casa y se acuesta en su cama nueva, no puede evitar una punzada de tristeza en el pecho.

La familia se va de vacaciones. Una semana en un pueblecito del interior, no muy lejos, para desconectar un poco. Sofía, como no podía ser de otra manera, se va con ellos, es una más de la familia, nunca la dejarían sola ni a cargo de nadie. Cuando llegan a la casa rural que han alquilado, llaman al dueño y le avisan para que venga a darles las llaves, mientras ellos dan una vuelta por los alrededores. Sofía va equipada con su arnés, cogida a la correa con sus inseparables Aris y Mine. Llega la furgoneta y baja una mujer mayor de aspecto jovial, seguida de un espléndido galgo pardo. Ambos le dan la bienvenida efusivamente, no se preocupen, no hace nada, Lord es muy bueno. Tranquila, nos encantan los animales. Alicia acaricia entusiasmada el lomo áspero del galgo, los Terrier lo olfatean y Sofía simplemente no cabe en sí de alegría. Entran a la casa y en cuanto los demás se despistan, el perro y la gata se lamen reconociéndose. Mi dueño fue denunciado y... Calla, no quiero saber los detalles, solo que eres feliz. Mucho. Y, ¿qué hiciste con tu nombre?, bromea Sofía. Se lo pusiste a un pobre chucho desvalido y atemorizado que ya no existe. Me diste un nombre viejo y una existencia nueva, me fui sin darte las gracias. Sofía ronronea complacida y se escabulle hacia el interior de la casa. No quiere ponerse sentimental. Se verían unas cuantas veces más Lord y Sofía en esa semana y sobre todo, por siempre, conservarían un vínculo más allá de la distancia.

El primer día de consulta de vuelta en septiembre, el doctor Díaz recibe una llamada de un paciente, mantienen una larga conversación. Sofía escucha sin prestar mucha atención esta vez, no se puede estar siempre al cien por cien. Sin embargo, de pronto planta las orejas cuando Joan despide a su interlocutor: No subestimes el poder de tus pensamientos. Ya ves que son capaces de alterar la realidad. Buen día, Luis. Sofía sonríe, se arrebuja sobre su cuerpo y se deja llevar a un nivel sin pensamientos, mientras disfruta de los rayos de sol que entran por la ventana.

Cristina Davó Rubí

Nacida en primavera de 1978. Lectora voraz y apasionada desde niña, escritora aficionada, profesora de Lengua y Literatura y asidua colaboradora con reseñas literarias en algunos medios como Cuadernos del Sur, de "Diario Córdoba", las revistas Cultura de Veracruz y Turia, y las digitales Narrativas y literaturas.com, o el blog la tormenta en un vaso. También ha publicado algunos relatos en El Heraldo de Henares y en Narrativas, y es autora del blog geminisatipicablogspot.com. En la actualidad tiene un poco relegada la literatura por su reciente maternidad, pero con muchos proyectos para el futuro.

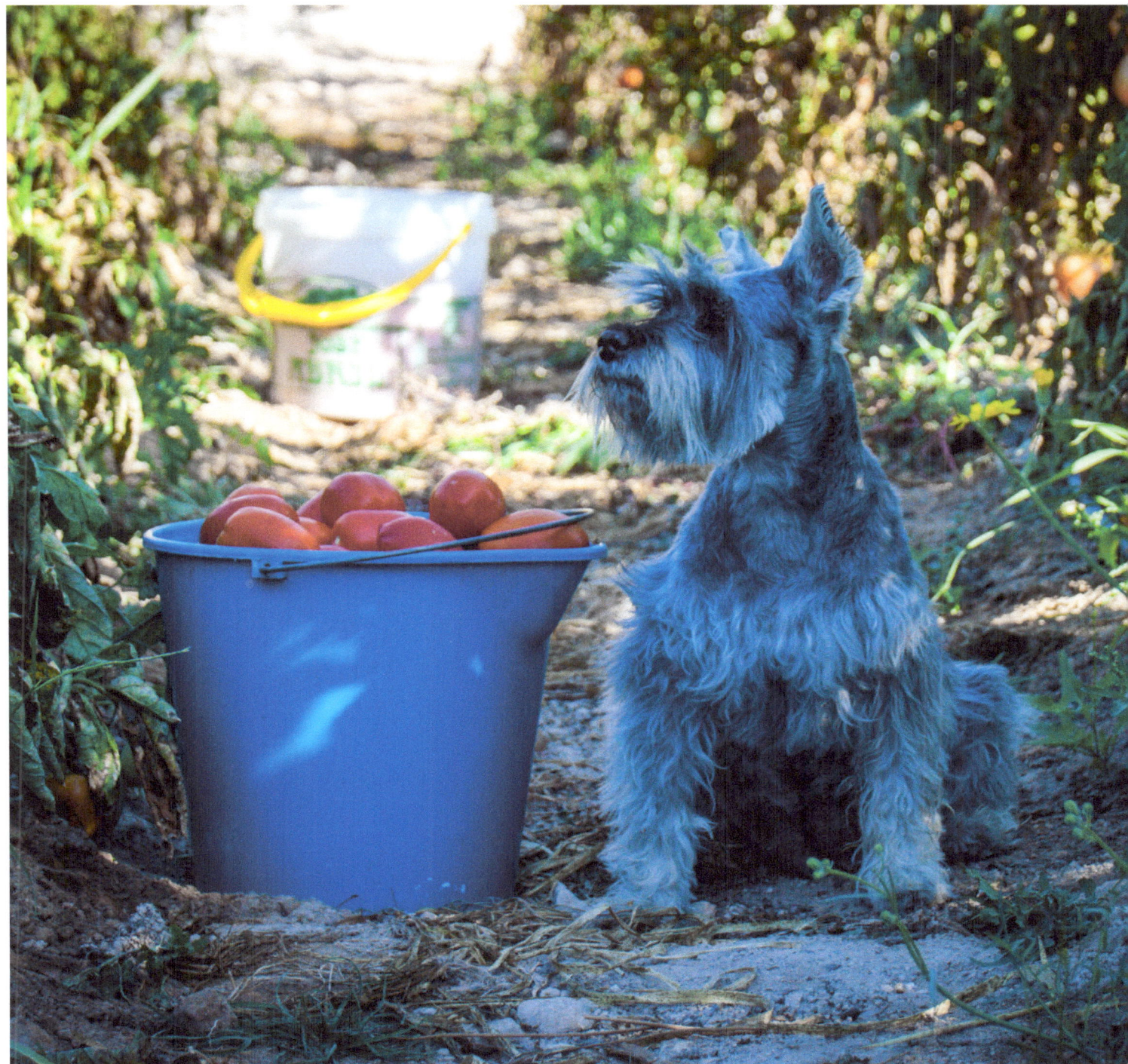

Melanie Pérez

Nací en Huércal-Overa un 27 de Diciembre de 1995. Soy hija de padres hosteleros, hermana pequeña, y compañera inseparable de mi perra Erika. Estoy estudiando Magisterio de primaria en la Universidad de Almería y he tenido la oportunidad de vivir la experiencia Erasmus en Varsovia (Polonia) durante el curso 2015-2016.

Amante de la familia, los animales, la música, de dibujar, de viajar, del campo, y de las cosas simples, como una sonrisa y una mirada.

Con la Fotografía empecé hace muchos años, casi sin ser consciente de ello, con una cámara roja y pequeña, de la que siempre iba de la mano. Todo empezó siendo un juego de niñas cuando fotografiaba a mis vecinas como si fuesen modelos de alta costura. Esta afición fue convirtiéndose en algo cada vez más importante cuando pude tener una cámara Canon 550D entre mis manos. Y esta pasión por la fotografía ha ido aumentando de modo que ya no puedo imaginar mi vida sin ella.

https://www.facebook.com/MelaniePerezFotografia/

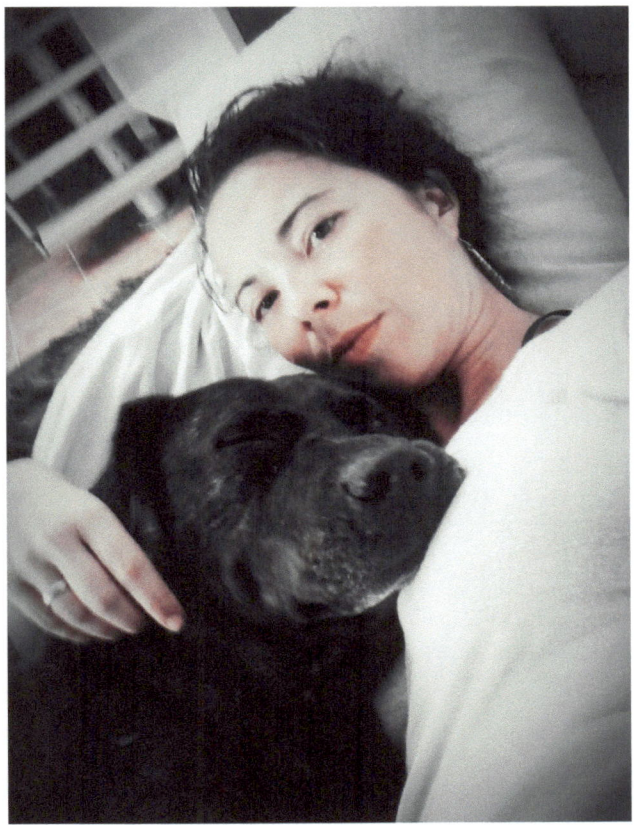

DEXTER LO SABE

Dexter lo sabe, lo veo en sus ojos. Y desde que lo sabe, a Dexter le delatan sus instintos: me huele de arriba abajo, con insistencia, por todas partes, a todas horas. Y después sonríe. Ha notado todos y cada uno de los cambios en mi cuerpo, antes que yo. Dexter se ha percatado de la más mínima nausea, de cada minúsculo desfallecimiento, de las nuevas notas de mi aroma personal, y por eso, Dexter lo sabe.

Eso hace que me pregunte si acaso Dexter lo supo incluso antes que yo. Es posible y no es extraño, pues este pitbull siempre enfermo, grande y noble como nuestra sombra al abrazarnos, es mi alter ego canino y no tengo secretos para él.

Dexter el protector, Dexter el perro-niñera, naturaleza que nadie ha logrado subvertir, esté esperando. Y espera felizmente al nuevo miembro de la familia que está por llegar, y le espera para quererle y protegerle por encima de su propia vida, pues ese es el destino de Dexter, y esto Dexter, también lo sabe.

Elisa Martín

Elisa Martín Martínez es natural de Ecija, Sevilla (1980). Se diplomó en Enfermería y reside en Huércal-Overa desde hace tres años.

Eli es animalista por convicción desde hace ocho años, desde que adoptó a Dexter. Es además la presidenta y cofundadora de la Asociación Protectora de Animales NUEVA VIDA de Huércal-Overa, desde agosto de 2015.

Esta ávida lectora se declara antitaurina y es una activista probienestar animal en todos los ámbitos, causa que admiramos y secundamos todos los que la conocemos porque su lucha es tan contagiosa como su risa.

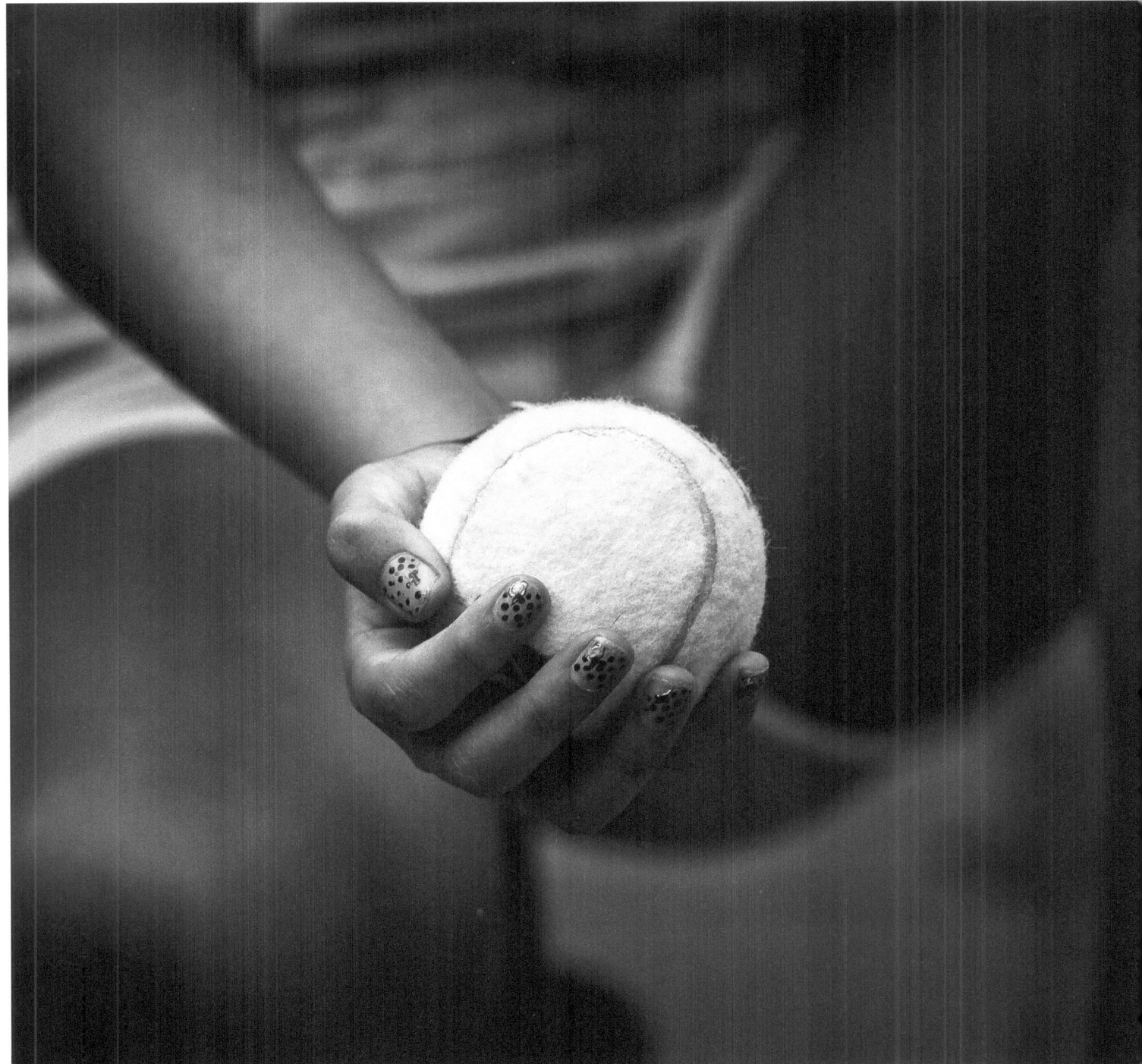

Miguel Ángel Tejedor

Soy fotógrafo desde los diez años, cuando cogí la cámara de mi padre y ya no se la devolví; desde que Antonio, el conserje de mi Instituto me enseñó los secretos de la alquimia argéntica; desde que el siglo XXI me iluminó la cara con un monitor y me hizo olvidar la oscuridad del laboratorio; desde que mis hijos cogen mi cámara y pronto no me la devolverán. Soy fotógrafo.

CONOCIENDO A BETTY

1. El encuentro

Los humanos, no voy a ser yo quien diga lo contrario, se creen muy listos, o al menos eso aparentan. Y lo afirmo porque no saben apenas nada, o ignoran absolutamente todo acerca de los sentimientos perrunos.

Si miramos muy fijos y movemos nuestra cabeza a izquierda y derecha para hacernos entender, ellos nos devuelven la mirada y, en ocasiones, ponen cara de asombro o simplemente sonríen, por no decir otra cosa; en realidad, tenemos hambre, y sed, incluso pedimos que nos lleven a hacer nuestras necesidades y, en la mayoría de los casos, es verdad pretendemos llamar su atención por cualquier otro motivo, y para que sepan que nosotros, también, formamos parte de su mundo.

Con todo esto, no digo que sea nada fácil una comunicación canina-humana, pero al igual que somos capaces de adoptar ciertas pautas y costumbres cuando convivimos durante algún tiempo entre los humanos, ellos deberían esforzarse por comprender a quienes tenemos cuatro patas. Es una simple cuestión de aprendizaje mutuo, y de atender nuestras necesidades según se vayan produciendo.

No fue fácil, es verdad, pero muy pronto supimos que nos iríamos conociendo, y entonces comprendí que me había asegurado un lugar donde disfrutar de mis días junto a aquella familia que por qué no, también podría ser la mía.

2. La sorpresa

No resulta nada fácil hacerse cargo de una mascota, sobre todo si nunca has pensado en la posibilidad de adoptar alguna. A veces el destino es muy caprichoso, y la compra de una simple barra de pan para el desayuno en un supermercado cercano te lleva a una extraña decisión; no por la barra comprada, claro, sino porque cuando giras tu cabeza observas como te sigue un perrito que apenas levanta un palmo de suelo, le cuesta alcanzarte porque sus patitas son aun muy pequeñas, pero no ceja en su intento de cruzarse en tu camino y rozarse con tus pies; cuando después del pequeño tramo que separa el establecimiento de tu casa, el perrito aun persiste en su actitud, no ha dejado de seguir tus pasos, es entonces cuando tomas la improvisada decisión de dejarlo a la puerta porque no sabes nada de él, tal vez se haya extraviado porque no has tenido la precaución de ver si lleva una correa, y cierras y aun sigues pensando. Albergas la idea de que un buen rato después se habrá cansado de esperar y, una vez más, cuando vuelvas a abrir la puerta habrá desaparecido, nunca más volverás a verlo.

Y ese destino, tan caprichoso como arbitrario, esa mañana te juega una mala pasada, cuando con todo el sigilo del mundo, echas un vistazo, y ves que asoma un pequeño hocico y unos grandes ojos que no dejan de decirte, -¡por favor, no me dejes abandonado! Te he seguido, me gustas, y tengo mucha hambre-. Un pequeño plato con leche, ¡gran error!, es el comienzo de ese acto que te lleva a tomar una decisión: cierta responsabilidad, y un primer pensamiento, te obliga llevarlo a un veterinario para que le eche un vistazo, nos diga si es un perro sano, aunque siempre contemplas la posibilidad de devolverlo a su amo si está identificado; pero nada de eso resulta, y es entonces cuando te enfrentas a un verdadero problema.

3. Me quedo

A nadie debe extrañarle que me guste jugar con la tierra, sobre todo en esos primeros días porque me dejaban estar bastante tiempo a la puerta de la casa, en un bonito porche rodeado de muchas macetas de todos los tamaños, alegres colores y cubiertas de una tierra esponjosa y apetecible donde escarbar.

Tenía todo el día para estar por allí, olfateaba y me divertía mucho, aunque de vez en cuando surgía algún problema.

Me gustaban, sobre todo, las macetas más pequeñas donde podía subirme y remover la tierra, pero lo que yo ignoraba entonces era el lío que se montaba allí, toda la tierra esparcida por el suelo, algunas macetas se rompían y el ruido me asustaba, y era cuando venía lo peor, porque el humano salía a ver lo ocurrido, entonces yo emprendía una huida a tiempo, corría en cualquier dirección. No muy lejos observaba que algo no estaba bien, porque aquella familia recogía todo aquello que yo había roto. Con el tiempo me he dado cuenta de que las macetas son bonitas y adornan, y claro no sirven para jugar. Pero lo más importante es que, a pesar de todo, me dejaban estar allí, me llevaba alguna regañina que otra, pero por la noche me volvían a dejar en el porche, y siempre tenía agua y comida disponible para cuando me apeteciera, tuviera sed y hambre. Aquel sería un buen lugar para quedarse, de momento no tenía muchos problemas, algún accidente imprevisto, pero observaba la cara del humano que me había recogido, no parecía estar muy contento con mis travesuras, le oía gritarme y decir un nombre, pero siempre me las perdonaba y acariciaba mi cabeza.

4. Se llama Betty

Los primeros días, las primeras semanas no resultaron nada fácil convivir con aquella pequeña perrita, y aunque nos habíamos esforzado en buscar a su dueño, muy pronto desistimos y aceptamos que, de una manera u otra, debería quedarse con nosotros.

-¡Nada de entrar a la casa..-! -fue el único requisito de una madre protectora con respecto a las cosas de su casa, o el contacto humano con la perrita.

Primeras y repetidas visitas al veterinario, primer corte de pelo y el aprendizaje a que nos enfrentábamos a diario para conocer sus hábitos y costumbres, paseos por las mañanas y por las tardes, ensayo de una diversidad de piensos y golosinas para alimentarla. Y lo más importante: buscar un nombre para una personalidad tan diminuta y, de paso, que le gustara. No fue muy difícil, y como se trataba de una perrita: Betty.

Transcurridas las primeras semanas, y a medida que avanzaba el verano, Betty se fue acostumbrado a deambular por el porche, los alrededores de nuestra casa, husmear por el campo y, también, a escaparse en alguna que otra ocasión, y por añadidura a no saber cómo volvería a entrar, y entonces ladraba durante un buen rato para que la rescatáramos y volviera a nuestro recinto, a la comodidad del porche, y a sentirse segura.

Las macetas habían quedado a un lado, la pequeña casita que durante unos días le sirvió de abrigo, también, y ahora disponía de un pequeño colchón para dormir en la misma puerta de entrada de nuestra casa, con la intención de que no la traspasara nunca, aunque en ocasiones era muy difícil que no consiguiera hacerlo porque era tan pequeña como rápida, se colaba y nos hacía gracia que siempre intentara estar con nosotros.

5. Una familia

Las noches eran cálidas, había mucho donde husmear y buscaba emociones alejándome del porche y del colchón que me habían comprado, pero cuando ya era muy oscuro me dejaban tendida en él, y añadían una pequeña manta para protegerme de la humedad, no dudaba en escabullirme porque las aventuras estaban no muy lejos de allí; un cachorro-perrita debe dormir bastantes horas al día, aunque yo no tenía gana de estar aburrida, buena parte de la noche deambulaba buscando por los alrededores. El día era muy caluroso y, entonces, era cuando me refugiaba en el porche, y me tendía en la cama para dormitar durante horas perdidas de la madrugada.

Mi amo se asomaba y me veía allí tumbada, sonreía y pensaba que poco a poco me iba acostumbrando al lugar. Y lo mejor, notaba que su cariño hacía mí iba creciendo, porque me acariciaba, y en ocasiones jugaba conmigo, y siempre me premiaba cuando hacía las cosas bien, me gustaba que paseáramos juntos y cuando me alimentaba.

La paciencia es una virtud, y sobre la cría de mascotas leía lo suficiente como para derrochar conocimientos en las primeras semanas de convivencia. Tuvimos que adaptarnos, e intuí que deberíamos seguir unas pautas comunes, paseos, tiempo de juego, y determinadas comidas, que incluían algunos de esos premios que se aconsejan por buen comportamiento. Fue de esta manera como Betty y yo fuimos acercándonos, y lo mismo con el resto de la familia.

Lo mejor, mi relación con Aída, mi humana-peque que pronto se involucró, me llevaba al veterinario, al atardecer me daba la comida, jugaba conmigo, y siempre disculpaba mis travesuras: subirme a su cama, llevarme sus calcetines, mordisquear su alfombra; y luego estaba la pequeña Paula, que volvía a casa de vez en cuando, y entonces corríamos por el pasillo de la casa y tiraba mis juguetes para que los cogiera con mi boca y se los devolviera, y ahora mi mami-humana que, poco a poco, se fue encariñando, recuerdo que me sostenía en sus brazos y me acurrucaba cuando estuve malita, y fue ella quien me permitió entrar en la casa grande y espaciosa, tumbarme a sus pies, dormir en el sofá, y disponer de mis rincones favoritos, aunque esas son otras muchas historias que algún día debo contar, y debo añadir que, de momento, soy feliz con mi familia humana, y os aseguro que me tratan, muy, muy bien.

Pedro M. Domene

Pedro M. Domene, ha ejercido, buena parte de su vida, de "ratón de biblioteca", actitud que lo convierte en un apasionado bibliófilo. Nació en Huércal Overa, Almería, un 29 de mayo de 1954, un buen año, literariamente hablando. Ejerce la crítica literaria en suplementos y revistas, *"Cuadernos del Sur"*, del diario Córdoba, *Turia*, *La Tormenta en un Vaso y Zas! Madrid*. Ha publicado novelas juveniles, *Después de Praga nada fue igual* (2004), *Conexión Helsinki* (2009), *Las ratas del Titanic* (2014), y recientemente, *El secreto de las beguinas* (2016). Mantiene, a diario, el blog literario. http://acabodeleerymegusta.blogspot.com.es/

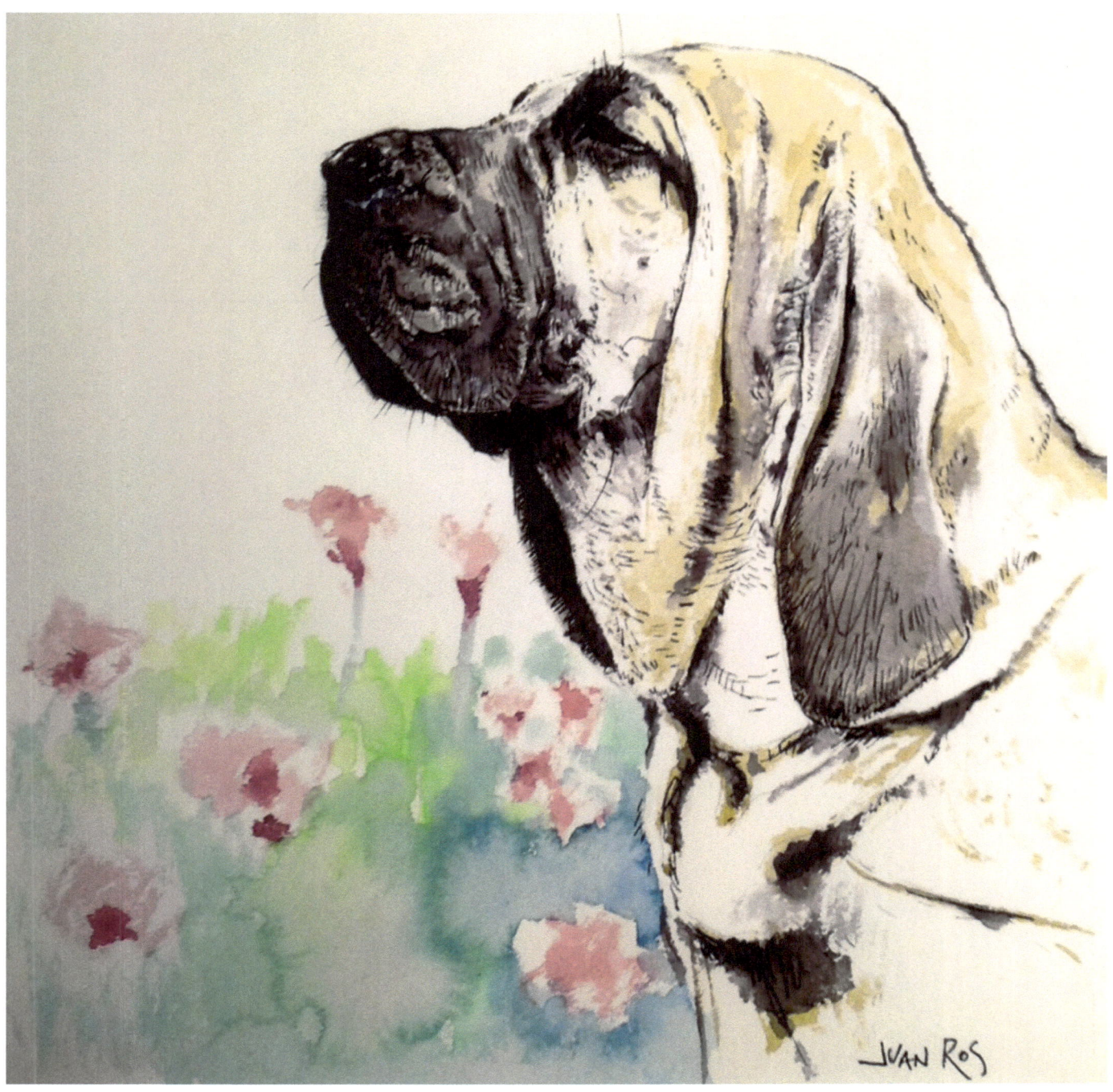

Juan Ros

Artista multidisciplinar nacido en el corazón del campo de Cartagena. Licenciado en DDAA por la Universidad de Valencia. Sus últimas exposiciones han sido en la galería Espacio pático de Murcia y en la Sala Vista Alegre de Torrevieja.

Es el actual ganador como ilustrador de la Bienal de las Artes RENDIBÚ 2016.

PERRO MALO

El artículo 1905 del Código Civil español dice que *"el poseedor de un animal o el que se sirve de él es responsable de los perjuicios que causare aunque se le escape o extravíe"*. Eso significa que tienes que apechugar con lo que te haga tu animal. Continúa ese artículo dando una salida airosa, pero improbable, al dueño del animal. Dice que *"solo cesará esta responsabilidad en el caso de que el daño proviniera de fuerza mayor o de culpa de quien lo hubiese sufrido"*.

Desde entonces estoy dándole vueltas al significado de esos dos conceptos. Fuerza mayor y culpa de quien lo hubiese sufrido. Supongo que hay seminarios y hasta tesis doctorales que se pasan mil páginas dándole vueltas al asunto. La jurisprudencia dice tal, pero la doctrina en cambio afirma esto otro. En Alemania se considera que es así, pero en Italia, a veces, es asá. Como cabe esperar en España a veces es así y otras asá. ¿Y qué es la culpa en realidad? ¿Qué es fuerza mayor? Quizá debería haber hecho un curso acelerado de derecho antes de adoptar a Ramón. ¿Su adopción fue un asunto de fuerza mayor o quizá fue de culpa por mi parte? ¿Negligencia por no haber sabido ver qué lo que se me podía venir encima?

Entonces Ramón apenas tenía un mes, pero en la protectora me aseguraron que era un perro muy especial. *"Es un animal muy inteligente. Todavía es pequeño y no sabemos hasta dónde puede llegar, pero desde que se produjeron los nuevos avances en la cría de estos animales, y de esta raza en concreto, no se puede descartar nada"*. Yo traté de tranquilizar al tipo de la asociación. Traté de hacerme el simpático y a la vez el concienzudo, el cabal, el responsable, pero eso pareció cabrear más al voluntario que se llamaba Kenet o Kevin u otro nombre con K. Una K gótica asomaba por la pantorrilla, y un perro roía un hueso o una nalga en su antebrazo.

"No creo que precisamente tú seas el amo adecuado. Pero no tenemos tiempo para hacer pruebas ni para otras historias. Si no te lo damos a ti lo tendremos que sacrificar en un par de días, y eso sería un crimen. Pero el Ayuntamiento nos ha cortado el grifo de la subvención para darle la pasta al club de Gimnasia rítmica y a los criminales de la Escuela de Tauromaquia. Así que esto es lo que hay". K era un tipo directo. K no se andaba por correas. A K le interesarían los sentimientos de los perros pero poco de los amo. De modo que, dicho esto, K me dio una correa y a Ramón.

De regreso con Ramón, mientras conducía despacio como si llevara al objeto más frágil y preciado del universo, me sentí angustiado como un padre primerizo. Miraba de cuando en cuando al asiento de atrás donde había tratado chapuceramente de acomodarlo en una caja. Si Ramón no se movía, pensaba que se había muerto ahogado. Pensé que en realidad al tal K- lo- que- sea no le había preguntado nada sobre a qué se refería con aquellos de los *"avances en la cría de estos animales"* y por qué el perro podría ser peligroso. Quizá le daba por morder. Quizá era uno de esos que cuando ven a sus amos dormidos creen que están muertos y empiezan a merendárselos, empezando por sus partes blandas. Igual era un perro loco, o asesino.

Lo que sí era, era un perro voraz. En casa se tomó de golpe dos boles de bolitas de pienso equilibradas para su peso y condición (al menos eso decía la etiqueta) aunque pronto empezó a manifestar predilección por el jamón ibérico y el salmón ahumado noruego. Sinceramente, cuando fui adoptar a Ramón, ahora me doy cuenta, estaba, y creo que el sentido es técnico, deprimido. Me percaté de lo seco que estaba mi ánimo cuando Ramón empezó a regar con su cariño toda la casa. No me importaban sus inoportunos ladridos nocturnos, ni sus pelos, ni sus eventuales micciones en casa, que a decir verdad pronto cesaron. Efectivamente era un perro cariñoso, pero sobre todo listo. Más listo que los ratones coloraos. Dar la patita, recibirme en la entrada de la casa, saber que no tenía que subirse a la cama ni al sofá, fue pan comido y pronto descubriría que todo eso y otras más habilidades que se les suponen a los perros antes de que cumpliera un año, eran minucias.

Antes de que cumpliera un año seguramente ya leía. A veces, siendo cachorro, me daba la impresión de que se quedaba mirando las letras de las películas subtituladas que yo veía por la noche, cuando el insomnio me atacaba, lo que era frecuente. A veces lo sorprendía mirando fijamente los periódicos que ponía en el suelo después de fregar, como si estuviera leyendo las noticias. Sabía de perros que con los avances en la crianza y la selección genética eran capaces de leer frases sencillas y en casos extremos incluso de formarlas con la ayuda de letras de plástico. Lo había leído en Facebook, aunque no sabía si darle crédito o no.

Pero mis dudas no tardaron en disiparse. Una tarde al volver del trabajo, Ramón no estaba en su cama de la cocina, jugando con su osito y sus demás muñecos. Estaba delante de mi ordenador (que no recordaba haber dejado encendido) y tecleaba con sus patitas a una velocidad no inferior a las cien pulsaciones por minuto. Estaba esta erguido, apoyado sobre su culo y con las patitas de atrás muy tiesas. Al verme entrar me hizo el ritual de bienvenida habitual: saltó, me lamió las manos, movió el rabo durante unos dos minutos. Hecho esto, volvió a su posición en el ordenador y siguió... Sí, siguió trabajando.

Aprovechando que le había dejado bolitas de pienso en su plato con una abundante ración de jamón de Teruel, conseguí echar un vistazo a lo que Ramón estaba tecleando. Tenía abierta una página de Internet que hablaba del consumo de carne de perro en Asia y particularmente en China y Corea. La página estaba mal escrita y aunque desconozco la materia, me pareció que carecía de rigor. Ramón también tenía abierta una hoja de Word en la que había escrito, dicho sea de paso, sin ninguna falta de ortografía, lo siguiente: "*Sucios asiáticos. ¿Por qué no se comen a sus madres? ¿Por qué no se comen a sus padres? ¿Por qué no se comen en croquetas a sus propios hijos? ¿Por qué no nos dejan en paz? ¿Y si fuéramos los perros los que nos comiéramos a su familia? ¿A que eso no les haría ninguna gracia? ¿Y si un día lo probamos? Ja, ja, ja*".

Cuando terminé de leer estas líneas mi corazón parecía que quería salirse del pecho. ¿Me he vuelto loco? ¿Qué medicación estoy tomando? Entonces eso, noté algo húmedo y cálido que se deslizaba por el dorso de la mano. Era la lengua de Ramón. Su rabo, batiendo de un lugar a otro, juguetón, me decía que me quería. Su lengua, pringosa y cordial, me decía que no era para tanto, que me calmara. Pero su mirada era fría y me indicaba que me apartara del ordenador, que no había terminado. Ramón me había dejado claro cuál era ahora la situación.

Llegado este punto me es difícil explicar por qué no contacté con la asociación protectora de animales. Es posible que me retrajera la posibilidad de hablar de nuevo con el hostil voluntario K. Pensé en pedir asesoramiento o ayuda, pero lo cierto es que llegaba muy cansado del trabajo. Por lo demás Ramón era un perro adorable que hacía lo que todos los perros. Cariñoso al extremo, le encantaba repantigarse para que le rascara la barriga y podía permanecer en esa posición largo tiempo. A veces le achuchaba contra mis cachetes sin compasión en lo que yo denominaba "perroterapia" y el animal, aunque incómodo, se dejaba hacer sin emitir un solo gruñido. Cuando yo no estaba en casa, comía, dormía, comía, dormía y también abría el ordenador, leía noticias, especialmente sobre perros, pero también sobre otro tipo de animales como delfines, toros, gallinas, cabras (aunque nunca sobre gatos). Un día descubrí, porque se lo había dejado abierto, que había creado un perfil de Facebook y otro de Twitter. Había puesto su nombre, "*Ramón*", pero la foto del perfil era la mía.

Una mañana dos tipos de paisano que por su porte chulesco, su manera de plantarse con las piernas abiertas, brazos cruzados marcando bíceps hiperdesarrollados, tatuaje étnico que se escabullía en dirección al hombro, solo podían ser policías o delincuentes, me estaban esperando a la salida del trabajo. Resultó que se cumplió la peor de las expectativas y eran lo primero. Dijeron mi nombre como si se tratara de un bicho que trasmitiera la malaria y me pidieron que les acompañara a comisaría. Una vez allí, un clon con uniforme de los dos anteriores, me informó de mis derechos, cada uno de los cuales terminaba con un "¿vale?". No quería ser examinado por un médico. No tenía consulado al que llamar. No quería avisar a un familiar y tampoco quería declarar. El abogado de oficio parecía aburrido, o distraído, o borracho o quizá no era ni abogado. Lo que quería saber era de qué se me acusaba.

De las pasadas que te pegas en las redes sociales. ¿Vale? Dijiste que quieres que mueran los toreros ¿Vale? Dijiste que te ibas a cargar a los pastores que usan perros ¿Vale? Dijiste que los policías que mandan perros a buscar explosivos eran basura cobarde ¿Vale? Esas y muchas otras cosas que ya sabes. Si no quieres declarar mañana, se lo cuentas todo al juez ¿vale? Y esta noche te lo piensas en el calabozo ¿vale?

Quería irme a casa. Quería llorar. Quería orinarme encima. Quería morirme. Quería respirar pero casi no podía. Al parecer me dio un vahído y alguien comentó que solo era valiente delante de un puto ordenador. Vino otro tipo. Creí reconocer su voz. Le miré. Creo que lloraba, yo, no él no. Dijo que aquí había un error. Que me conocía de jugar al pádel. Que seguro que alguien me había hackeado la cuenta. Que era buen tipo, que no me fugaría y que mañana iría al juzgado puntualmente al juicio rápido. Y me dejaron marchar.

Llegué a casa. Me duché, cené algo y seguí llorando. Me metí en la cama y seguí llorando. Nunca antes había estado en un juzgado, ni mucho menos en una comisaría. Ramón se subió a la cama. Esta vez lo dejé. Se acurrucó muy cerca de mí como si quisiera abrazarme. No paraba de darme lametones en las manos y en la cara. Ramón, Ramón, qué has hecho.

Al día siguiente acudí al Juzgado con Ramón. El de seguridad no quería dejarlo pasar, pero tampoco tenía claro que no pudieran pasar los perros. Le dije que el perro era una prueba criminal esencial y eso pareció convencerle.

El juicio estaba previsto a las diez de la mañana, pero no se celebró hasta pasada la una de la tarde. Le conté mi versión al abogado que se encogió de hombros y dijo: ¿entonces no te conformas con la pena?

Su Señoría que resultó ser una mujer que no había tenido tiempo de desayunar aquella mañana, me recitó, como si cantara los temas de una oposición y sin mirarme, los hechos que se me imputaban. Además de lo que me dijeron en la comisaría (¿vale?) había amenazado gravemente y vejado a través de las redes sociales entre otros, a toreros, propietarios/dueños de mataderos, organizaciones taurinas de diversos pueblos, pastores, policía de la unidad canina, restaurantes asiáticos, productores de comida para perros de ínfima calidad, adiestradores de perros, anunciantes de papel higiénico y a varios alcaldes cuyos municipios disponían de perreras.

Alegué mi ignorancia. Negué mi autoría, pero dije que tenía una idea bastante clara de quién podía haber sido. Ramón. ¿Ramón qué? Ramón sin más. ¿Sabe dónde vive? Sí, conmigo, está aquí, es mi perro. La juez ya estaba pidiendo la diligencia para que el forense aportara informe sobre mi estado mental cuando pedí que dejaran entrar mi perro y que le dejaran un ordenador. No sé por qué, pero la juez, accedió.

Ramón entró en la sala como si fuera nuestra casa. Vio el ordenador libre y supo enseguida lo que tenía que hacer. Se empinó con dificultad, puesto que sus patitas no llegaban bien al teclado. Por fin, una vez acomodado escribió: "*Señoría. Mi amo no sabe nada. Es buen hombre pero no está preocupado por los asuntos animalistas. Todos los mensajes en las redes sociales los escribí yo, y lo volvería a hacer. Volvería a referirme a los pastores explotadores, a poner en su sitio toreros asesinos, a increpar a los amantes de los gatos. Por cierto. Esta sala huele a gato que apesta*". Terminó y orinó en un rincón. Yo pensaba: ¿dónde habría aprendido Ramón la palabra increpar?

La declaración se incorporó a los autos y se me exculpó, si bien era responsable de la responsabilidad civil, y debía pagar una cantidad desorbitada de dinero que semanas después el abogado somnoliento me comunicó que era de una cifra exorbitada, una suma que no podía pagar. Durante este tiempo me deshice del ordenador y Ramón tampoco pareció echarlo de menos. Una tarde el abogado, cada vez más espabilado, me llamó y me dijo que la Universidad de Sevilla estaba dispuesta a pagar la multa a cambio de adoptar a Ramón, y, en su caso, sacrificarlo con fines científicos. Le dije al letrado que me lo pensaría.

Esa noche Ramón y yo dimos un largo paseo. ¿Sabía lo que estaba pasando? Claro que lo sabía. Le solté la correa y le di un abrazo. Ramón me lamió y vi como su pelo negro y gris desaparecía en las tinieblas del puerto.

Mi abogado alegó fuerza mayor y acabó ganando el juicio. Yo buscaba noticias sobre perros atropellados. A veces creía verlo en las calles. Muchas noches lloraba y no me atrevía a tirar sus juguetes, y mucho menos a adoptar a otro perro. Ramón, superdotado, fanático y malas pulgas me había dado el disgusto de mi vida pero también la mayor alegría. ¿Tan vacía era mi vida?

Un tipo me pide amistad en Facebook. No tiene foto. No tiene amigos. Su mensaje dice: "*guau*".

Manuel Tolosana

Nacido en 1970 en Alicante. Estudió derecho y curso estudios de Sociología. En la actualidad trabaja como abogado. Ha cursado estudios en la ECAM y realizado varios documentales. Ganó premio de microrrelatos de la Universidad de Alicante en el año 1996. Desde 2009 escribe regularmente en su blog de actualidad y humor "El Señor Gordo".

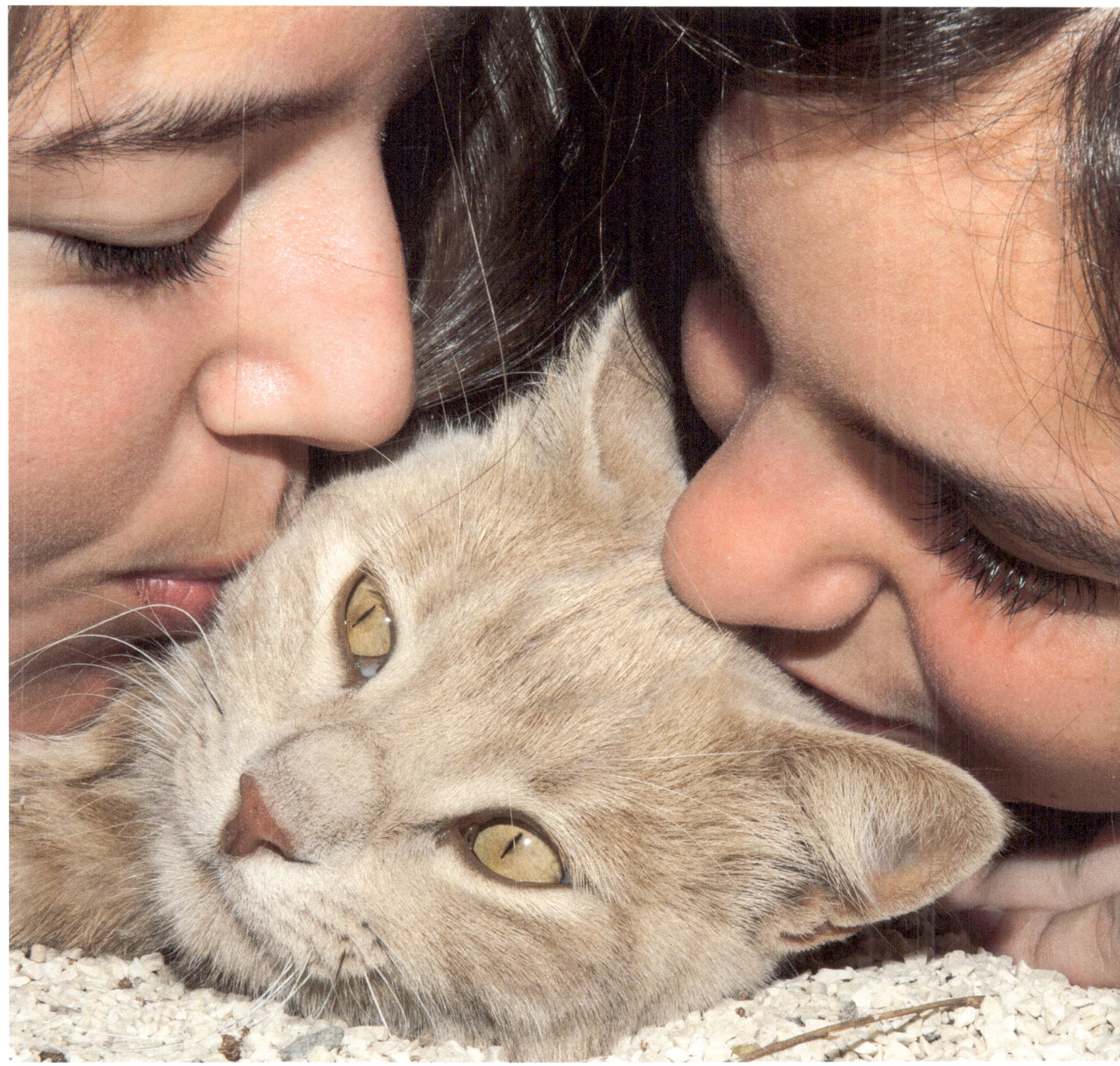

Carlos González Revelles

Carlos González Revelles, natural de Granada. Licenciado en Ciencias Biológicas por la Universidad de Granada por la especialidad de Zoología. Actualmente imparte clases en el I.E.S. Albujaira como profesor de Biología y Geología y es colaborador del Departamento de Ecología e Hidrología en la facultad de Biología por la Universidad de Murcia para la creación de material videográfico y posterior uso en la ilustración de libros y otras divulgaciones de carcter científico. Autor de varios libros, DVDs, CDs, trípticos y trabajos de investigación, actualmente su campo de trabajo se centra como fotógrafo de Naturaleza y, en especial, en la obtención de paisajes, de Flora y Fauna dentro de los Espacios Naturales Protegidos de la Región de Murcia. Especializado en fotografía de aves en vuelo y macrofotografía de invertebrados.

Descarga gratuita de mi libro *Guía básica de las aves de la Región de Murcia*

http://www.murcianatural.carm.es/c/document_library/get_file?uuid=aa2c7e5d-d70f-41a4-abb8-07138adf7dba&groupId=14

Descarga gratuita del libro *Rapaces diurnas y nocturnas de la Región de Murcia* (Soy colaborador en las fotos que aparecen en él)

http://www.murcianatural.carm.es/c/document_library/get_file?uuid=3a79b948-0860-4f60-9c87-7db45df84454&groupId=14

HERE COMES THE SUN

Supongo que para cualquiera que tenga perro, éste será especial, único e irrepetible. Y realmente así es. Tan real como que cualquier ser vivo tiene un patrón propio que lo hace ser de una manera imposible de repetirse.

De igual manera, ahora no supongo, si no que sé a ciencia cierta, que quien no tenga o nunca haya tenido un animal de compañía no tendrá ni idea de a lo que me refiero. Es más, por norma general, tienen propensión a vernos al resto que sí tenemos como tarados con grandes lagunas afectivas que tendemos a intentar copar con un falso cariño animal.

Nada más lejos de la realidad. Ni más cerca. He tenido y tengo perro. Además de una larga lista de animales de todo tipo, aumentando su complejidad, necesidades y cuidados en la misma manera que iban aumentando los míos. Desde los típicos hamsters de los infantes, tortugas, galápagos, conejos de indias y del terreno, jerbos del desierto, canarios, periquitos, patos y hasta un mono titi. Con todos ellos he sido feliz a mi manera y a la suya, claro. Pero es con mis dos últimos compañeros con quien más capacidad de empatía mutua estoy manejando. De hecho, he hablado con Tango, y ahora hablo con Lennon. Lo juro. Y siempre ha habido comunicación, evidentemente no exactamente oral, pero comunicación y de calidad. Vaya que sí.

Son (o ha sido uno y es otro) dos perros muy especiales. El primero fue un labrador magnífico, de nombre Tango que falleció el 19 de Febrero de 2016, y que me dieron con la tierna edad de 21 días. Tango nació el 15 de Marzo de 2001, luego a ojo de buen cubero, 15 años de amor incondicional y sincero. El segundo es un pastor alemán estupendo, de nombre Lennon, sí, por John Lennon, para seguir una larga tradición familiar que hemos tenido en casa de poner nombre de músicos a nuestros compañeros de cuatro patas; Jannis (Joplin), Pancho (Los Panchos), Jimmy (Hendrix). Tango, y actualmente, Lennon.

Lennon está conmigo desde el 1 de Julio de 2016. Resulta que tengo un amigo (Domingo Sabater) que hace una labor encomiable basada en que junto con su señora (Noelia), rescatan perros de la calle, son casa de acogida, los cuidan, alimentan, llevan al doctor, y se hacen cargo altruistamente de cualquier situación. Evidentemente, no importan raza ni edad. Sólo importa que él animalito necesite otra vida distinta de la recibida hasta ahora.

A Lennon lo recogieron en situación de desnutrición extrema y con medio cuerpo, concretamente las cachas traseras y la cola, totalmente peladas y arruinadas, por falta de alimento y por una plaga de pulgas.

La vida tiene tirabuzones y dobles saltos mortales hacia atrás, y en este caso, mi vida. Ellos le pusieron en un primer momento de nombre Tango. Tango como mi labrador fallecido hacia unos meses, y desde ese mismo momento, yo me jure por lo más sagrado que jamás volvería a tener perro. Que nunca más pasaría por el dolor que había atravesado. No estaba dispuesto a pasar de ninguna de las maneras por el vacío y el hueco, por la casa fría, sin pelos, y el desconsuelo de verme privado de uno de los mejores seres vivos que jamás conoceré. Les juro que estaba decidido a cumplirlo. Tan decidido estaba, que Domingo, conocedor de la pérdida de mi amigo de cuatro patas, me habló de la existencia de ese nuevo Tango, me mando videos y fotos, y con toda la más firme convicción de no tener jamás perro, adopte a Tango, llamándole Lennon, por aquello de no mezclar churras con merinas. No me parecía de recibo llamarle a este segundo perro también Tango. Como dije arriba, son únicos e irrepetibles.

Cada uno tiene su perronalidad, y se comporta de su manera. No hay dos iguales, como ocurre con las personas. Nunca he sido de dar valores propios de la raza humana a otros seres vivos, pero miren, no es que sean como los humanos, es que son mejores.

Con Tango tuvimos una vida plena juntos. No conocía esa forma de amor verdadera, pura y tan sincera hasta que lo tuve conmigo, y la vida nos fue poniendo pruebas. Algunas muy jodidas.

Caí en una de mis depresiones continuas, pero un poco más severa tras una separación amorosa que como buena separación, me partió el alma en dos mitades y algo se me rompió dentro de mí de manera irreparable. Tango tenía entonces tres años. Saben ustedes que cuando estas cosas pasan, a veces te da por no parar en casa, y a veces por no pisar la calle, y otras veces por una confusa mezcla de ambas. A mí me dio por no salir de la cama. Literalmente. Pues bien una de esas mañanas de funeral, desperté a eso de las 7 de la mañana, y Tango estaba durmiendo a los pies de mi cama, guardando mi sueño. Me miró con una cara de pena y de desconcierto, con gesto grave y apropiado a las circunstancias (ellos empatizan con nosotros más que nosotros con ellos). Yo me volví a dormir de nuevo sin hacerle ni caso. A las dos o tres horas, me desperté con cierta incomodidad, y es que mi perro, mi amigo, me había puesto sobre mi cama, sobre ese lecho de pena, todos sus muñecos de peluche para que se los tirara y así jugar un rato, intentando sacarme del bucle en barrena en el que me hallaba metido. Él se encontraba sentado muy cerca de mi cabecera, mirándome con una sinceridad que en muy pocos ojos humanos he encontrado y parecía quererme decir: "*Tronco yo no puedo quitarte ese dolor, pero si hacerlo más llevadero*".

Y así fue. De esa depresión me sacó mi perro Tango, día a día, lametazo a lametazo, juego a juego, mirada a mirada.

Luego vinieron muchas más. Traslados constantes de domicilio y de ciudad debido a mi trabajo. Gente nueva, nuevos sitios, otras situaciones. Y él, siempre conmigo, fiel, leal, definitivo. Nunca quiso ser el único ser vivo que me quisiera, y dejó que diferentes personas se acercaran a nuestras vidas y nos conociesen a ambos. A algunas las acogió de mejor grado que a otras, pero siempre se comportó de maravilla con ellas y con todos mis amigos.

Cuando cumplió nueve o diez años, los dos nos fuimos dando cuenta que iba entrandoen la recta final de su vida, en la última etapa. Yo puse entonces más esmero aún en cuidarlo y en quererlo. Y no sólo yo. Toda mi familia que lo quería tanto como yo. Hicimos el intento de devolverle todo el amor que nos había dado. Queríamos demostrarle de alguna manera, que el fin era inevitable, y que a todos nos llega la parca, pero que íbamos a hacer lo posible para hacerle esos últimos años lo más placenteros y gustosos posibles, porque se lo merecía.

Algunos seres vivos no deberían morirse nunca. Tango fue de esos. Pero ya sabía que eso era imposible. Me permitiréis que lo que pasamos los míos y yo esos días, no ponga nada. No hace falta. Os lo podéis imaginar, pero lo guardo para mí. Muy dentro. Ahora me tienen con Lennon, recién rescatado y en una casa nueva, con todo nuevo y con un año y medio de edad perruna. Todo un reto. La fuerza de un cachorro, con el misterio de su vida anterior y sin saber sus condicionantes. Pero, el amor todo lo puede y todo lo gana. Va a ser un perro adulto fantástico, entregado y noble. Es que se le ve.

Tengo la tranquilidad de saber que yo no he sido su rescatador, sino, él ha sido el mío. Ha sido él quien me está ayudando a mí a vivir, o desde luego, en una proporción mucho mayor que yo a él. Es algo nuevo esto de adoptar, porque no sabes nada de la vida de este ser. De hecho, eso es lo mejor de todo. Saber que los dos nos enfrentamos juntos a conocernos y a entendernos. Estamos empezando a establecer las bases de una amistad firme, verdadera y para toda la vida. Estamos empezando a entendernos con una sola mirada. Creo que estaré siempre en deuda con él.

Por último, me gustaría destacar como admiro la capacidad de emocionarse de manera sincera que tienen estos animales. Es increíble con que sana y real emoción se ponen locos de contentos cada mañana al pisar la calle, aunque sea a oler la misma flor o mata seca que llevan oliendo tres meses seguidos. Para ellos, es un día nuevo, y una emoción nueva. Cuanto me queda que aprender de estos seres. Me faltan vidas para aprender de ellos.

Ojalá los seres humanos fuéramos solo la mitad de buenas personas que los perros. Porque los perros que yo he conocido son de las mejores personas que me he encontrado en la vida.

Juan García Conesa

Juan García Conesa (Cartagena 1972). Licenciado en Ciencias Políticas y Sociología por la UGR. Profesor de Administración de Empresas. Amante de la buena música, del buen vino, y enamorado absoluto de los animales. Fan incondicional de los perros.

En septiembre de 2016 publicó *Poemario para un adiós*, de la Editorial Esdrújula, Granada.

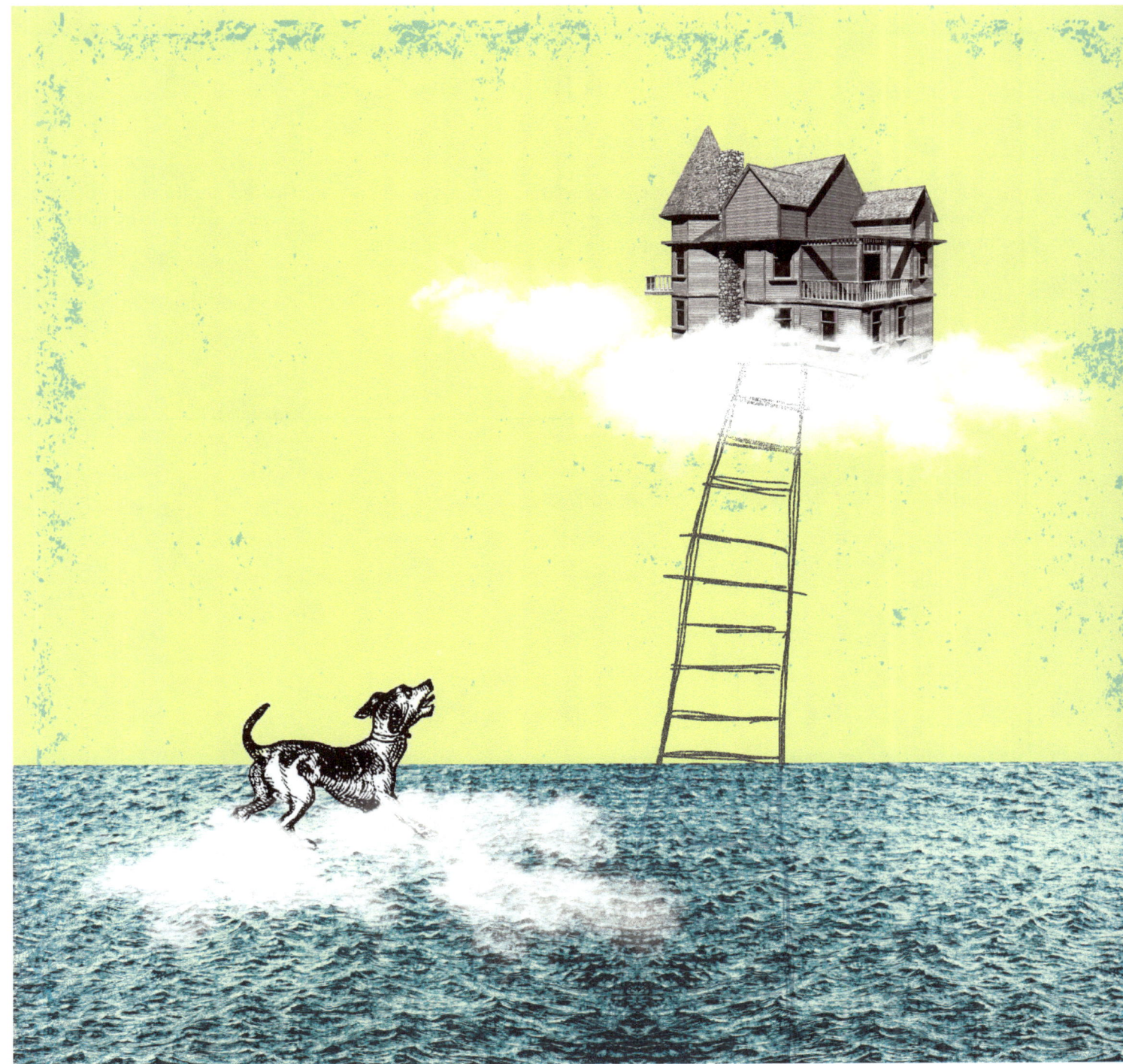

Sin título, Ana Raquel Leiva

Ana Raquel Leiva

Tinta, papel o madera... como aquél juego de niños.

Con raíces y formación en el mundo de la fotografía, las imágenes me sirven para llegar allí donde no me bastan las palabras. Poco a poco me sumerjo en la obra plástica, el diseño grá·fico y la creación de pequeños objetos, combinando técnicas e intereses: collage, fotografía, caligrafía...

Me aburre la repetición.

anarleiva.com
facebook/anargrafica

¿SOLO? NO, CONMIGO

Pobre perro apaleado,
sin amo y sin amor,
tristemente olvidado
en el viejo callejón.

Tiene los ojitos tristes
porque el amo se marchó
dejándole allí tirado,
¡Poca cosa le importó!.

Pasé, lo vi tumbado,
se me partió el corazón
y al mirarle los ojitos
una lágrima rodó.

Y creí que me decía:

-No me dejes aquí solo
que yo necesito amor.
Que me cuides y me ames
como de ti cuidaré yo.
que me respetes y protejas,
de aquel que me maltrató,
que me mimes y acaricies
y escuches mi corazón.

- "Vente perrito,
ven conmigo"-
Le dije con emoción,

-"No vivirás en la calle,
de eso me encargo yo".
Me siguió todo obediente,
la mano me olisqueó
y al reconocer mi aroma,
alegre, su cola movió.
Y caminamos despacio,
latiéndome el corazón.

Su vida a la mía unió
como si hubiese olvidado
el mal trago que pasó.

Y aún me pareció oir:
"Tengo mil vidas olvidadas
y ya presto el corazón,
a recibir las caricias
para revivir mi yo.

Y pensé:
"Cruel infamia infringida
al que nada nos pidió,
si acaso, comida y agua
y una gran dosis de amor..."

Y caminamos despacio,
unidos por la emoción
de un encuentro fortuito
que de pronto, nos unió.

Ana Martínez

Nacida en Huércal-Overa, Licenciada en Pedagogía (Orientación escolar), maestra de profesión. Amante de la lectura la escritura y el teatro. Publicaciones en prensa (La Voz de Almería), revista cultural (Aljambra Cultural Huércal-Overa) Revista del Centro de la Mujer de Huércal-Overa, libro de varios autores *Distintos acordes para una misma melodía* de A.C. Tierra de Esparto y poemario *Vivencias de un destino.*

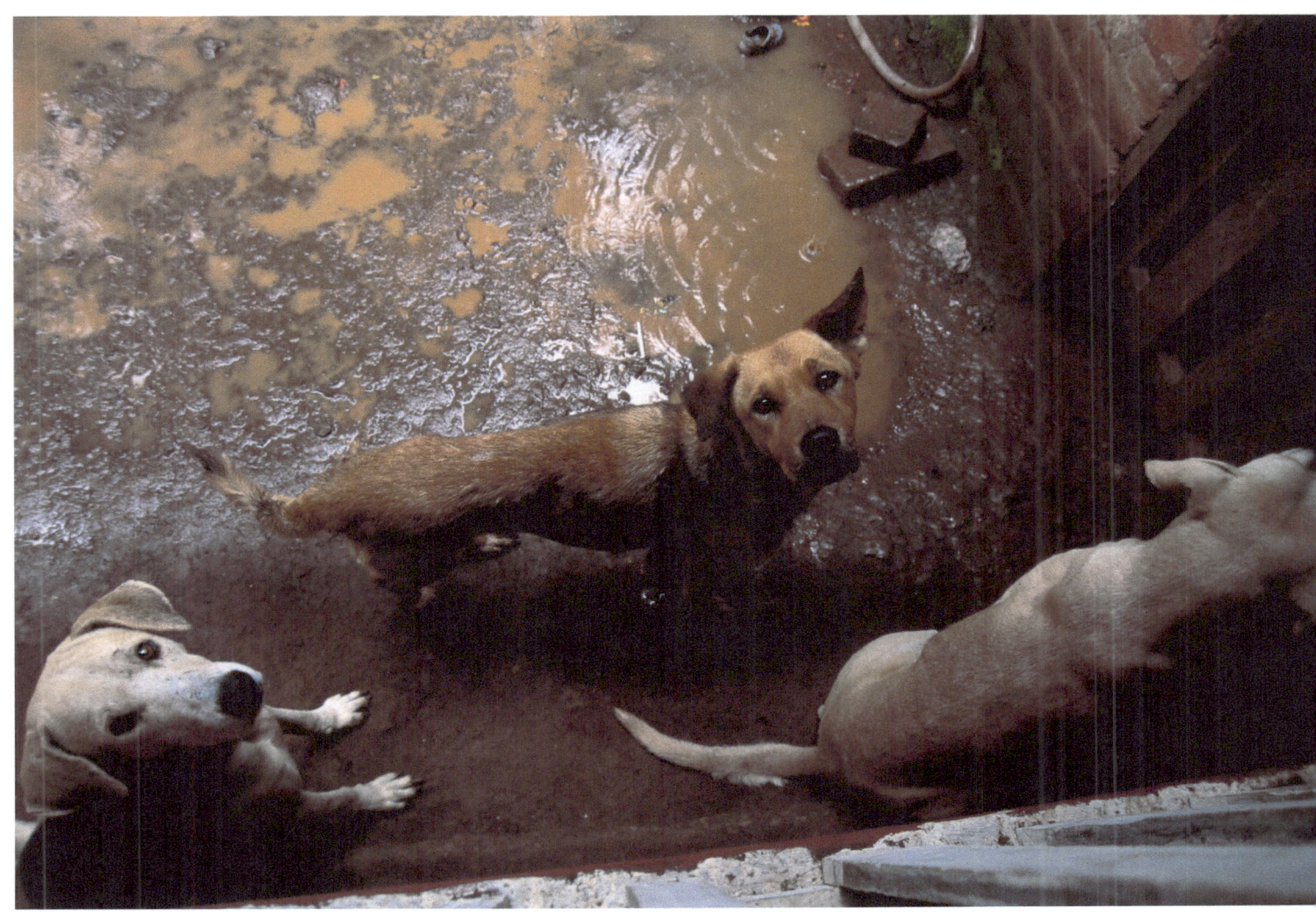

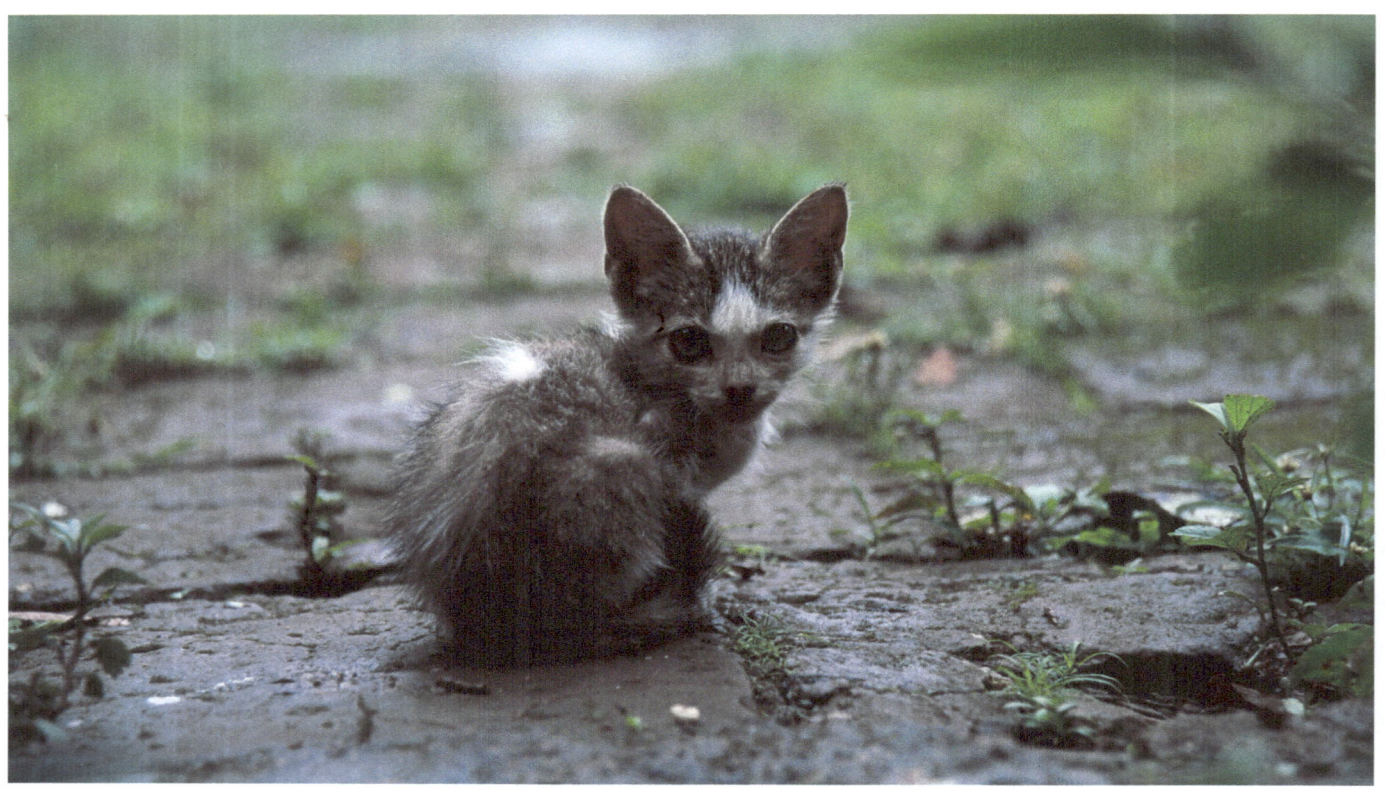

Josetxu Marcos

La fotografía está allí, y yo allá.

La vida es curiosa. Hace tiempo cuando me preguntaban sobre eso, respondia que era fotógrafo, y durante 13 años realmente fui un apasionado fotógrafo profesional. Pero me desligué de ese mundo por una crisis creativa que desembocó en crisis vital. Ahora llevo más de una década intentando averiguar quién soy y, gracias a las personas que me quieren y no dejan de proponerme proyectos como éste, y también a una maravillosa escuela (www.eivida.com) voy retomando la pasión perdida por vivir este maravilloso momento que sólo podía ser aquí y ahora.

Mi nombre es Josetxu.

EL GATO MÁGICO

Fue el día en que papá perdió su trabajo. Lo sé porque nunca comía en casa y ese día hasta me recogió en la escuela. Se lo dijo a mamá en cuanto salí de la cocina después del postre, algo sobre malos tiempos. Mamá se puso a llorar. Ella llora por todo: si está contenta, si está triste, hasta que papá va y la calma. Esa vez, en lugar de levantarse, papá se quedó muy callado mirando la mesa. Sólo se oían los platos que mamá lavaba y los ruiditos que hacía con la nariz. Como cuando me enfermo. Quizá los platos no la dejaban sonarse o no quería voltear. Hubiera visto a papá ocupado con el salero. A mí me dicen que no juegue con los cubiertos ni con nada de la mesa, que cuidado con la educación. También que no suba los pies a los sillones de la sala ni mueva los cojines; pero no sabía si irme a mi cuarto a encender la tele o seguir esperando a mamá. Había prometido que me ayudaría a repasar la tarea, antes que a papá se le ocurriera hablar. Si me iba terminaría castigado, es muy especial con todo lo de la escuela. Por eso hundirme en un cojín era más seguro, abrazarlo mientras miraba llover por la ventana. Me gusta la lluvia, mucho, y los truenos. No me dan miedo. Tampoco las películas de terror. Siempre me repiten que no las vea, menos de noche, o no podré dormir. Llovía muy fuerte desde que comenzó. El viento movía los árboles y hacía remolinos con las hojas que arrancaba. Un rayo hizo brillar la calle.

Papá, papá, gritó. Casi tumbo la silla al levantarme. Lo encontré parado en un sillón dando medios saltos con la frente apoyada en el cristal de la ventana. Carlitos, siéntate que te puedes caer. Ya viste, papá. Una calle oscura, un aguacero de lo más intenso que las noticias llamarían el peor en los últimos veinte años, un bulto en la acera de enfrente soportando la tormenta, dos puntos rojos. Un gato, papá, es un gato mágico. Así estuvo, que hay gatos que aparecen y desaparecen si les da la gana, por eso son mágicos, que se lo había leído la otra noche antes de acostarse, que éste había aparecido con la lluvia y a lo mejor quería decirnos algo. ¿A los gatos les gusta la lluvia? Todo sin dejar de removerse en el sillón. Tan pronto me miraba se volvía hacia afuera, donde una efigie de color indefinido permanecía alerta bajo el agua. Sálvalo, papá, por favor.

¿Vas a ir?, le dije y Rubén puso su cara de no saber qué contestar. Está lloviendo, Olivia. ¿Cómo crees?, me dijo y Carlitos por favor, por favor, por favor. ¿Y qué se supone que haga? Rubén, sólo abre la puerta de la cochera, no te mojarás. Le llevé un tazón de leche que colocó en un sitio junto al auto que pudiera verse desde la otra acera, después abrió. Y sí, se mojó, por completo, mientras encontraba la forma de mantener abierta la puerta a pesar del viento. No pasó ni un minuto para que el gato se decidiera a entrar. ¿Viste?

Nos quedamos contemplando la rapidez con la que apuraba la leche y el charco de agua a su alrededor. Competíamos en mojados. Debería secarme, dije, y el niño pobre, ¿nos lo podemos quedar? Lo venía venir, primero les abres la puerta luego no hay quien los corra. En casa jamás ha habido mascotas, ni en ésta ni en la de mis padres. Tienes que cuidar de ellos, limpiarlos. Suficiente con nosotros. Encima el recorte.

Me dolía verlo así, imaginaba sus pensamientos, el esfuerzo al coger su portafolios del sofá y cargarlo a la recamara, cada paso en la escalera. Tantos planes, Rubén hasta se consideraba merecedor de un aumento. Y aún debíamos el auto y la casa, sin sumar lo del colegio de Carlitos y demás gastos. Comprendía su ánimo, pero no sus gritos. Ya sé que yo lo hago siempre, alguien debe educar. Con estos dos no se puede de otra manera. No todo es juego. Asustó al niño y más al gato, que corró detrás de una balsa de hule y unas latas de pintura. No creo que vayamos a la playa, dije y mamá se me quedó mirando. Papá había dicho que nos llevaría para vacaciones, que sería emocionante. Eso de hacer castillos y meternos al mar en tamaña balsa. De contarlo y contarlo varios en el cole decían que sus padres también los llevarían. Mamá se volteó de prisa a donde habíamos visto meterse al gato. Ayúdame, dijo con voz ronca. Costó bastante sacarlo. Era un gato negro, menos en las patas y alrededor de la nariz, que temblaba sin parar. Sus ojos amarillos iban de un lado a otro y no escapó porque mamá lo sostenía bien. Yo le pasé la mano por el lomo y sentí su ronroneo. ¿Nos lo podemos quedar?

Los encontré hincados en el hueco debajo de la escalera, el lugar preferido de Carlitos. El niño preguntaba que si no pasaría frío, que mejor en su cuarto y Olivia contestaba que para eso era la mantita. ¿Y si le da hambre? Lleva dos tazones, ya tuvo suficiente. Mañana le compramos lo que comen los gatos. A ver, a ver, ¿qué está pasando?

Es Botas, dijo Carlitos y Olivia a poco no es lindo, alguien debió tirarlo por ahí y Carlitos sí, es muy lindo, ¿verdad? Míralo, le gustas, te quiere.

¿Quién se resiste al dulce de una mirada? ¿Y de dos, de tres? De acuerdo, estaba lloviendo, ¿qué es una noche? Eso sí, mañana al centro de animales.

Fue el día en que perdí mi trabajo, el mismo que recuperé dos semanas después. De algo sirve ser experto, se lo decía a cada rato a Olivia que asentía desde la cocina y al gato que me miraba preparar mis currículos en la mesa de la sala, nadie maneja los informes como yo. El gato alzaba la cabeza unos segundos y volvía a recostarse. No pude dejarlo en el centro de animales. Pensar que no a todos pueden encontrarles refugio. Qué injusticia, decía papá y luego cuánta lata. Yo sé que se hacía el enojado, que bájate de los muebles, que deja en paz mis cosas, este gato por acá, este gato por allá, nunca está quieto. Frente a nosotros lo reñía, de espaldas no. Se le notaba a Botas en el peso y en el mimo. Siempre pegado a papá aunque durmiera en mi recámara y mamá Rubén, echarás a perder a ese gato, lo consientes demasiado. Qué lo consiento ni qué nada, voy a dárselo a los de animales; ya lo verás. Cuando me fui la dependencia se hizo mayor.

Mañana regresa el niño a la universidad, un ciclo más y se gradúa. Ingeniero. Qué bueno que vino para estas vacaciones. Si no es la tesis, es el servicio y no viene. Me ocupo, ya estoy grandecito, mamá. Qué bueno que le hace compañía a su padre. Hoy enterramos a Botas y a su magia con él, el encanto de tenerlo. Rubén consiguió una caja a su medida y juntos han hecho un agujero en el patio. Qué fueron catorce años. Un suspiro.

Miguel Alberto Espinoza

Nació en Culiacán, Sinaloa, México y estudió medicina matriculándose para, posteriormente, especializarse en Traumatología y Ortopedia mientras realizaba un diplomado en narrativa y participaba en talleres impartidos por escritores, como Daniel Sada o Élmer Mendoza y el poeta Jesús Ramón Ibarra.

Ponente en varios festivales literarios en México y Nueva Zelanda, ha publicado relatos en diversos medios de comunicación (algunos merecedores de galardones y premios) y una novela, *La puerta entreabierta*, con la que obtuvo el segundo lugar en el Premio Literario Internacional Independiente en Torino, Italia, en su edición 2015 en memoria de Dino Buzzati.

Twitter: @MiguelAlbertoEs
Blog: navegandolaspalabras.blogspot.mx

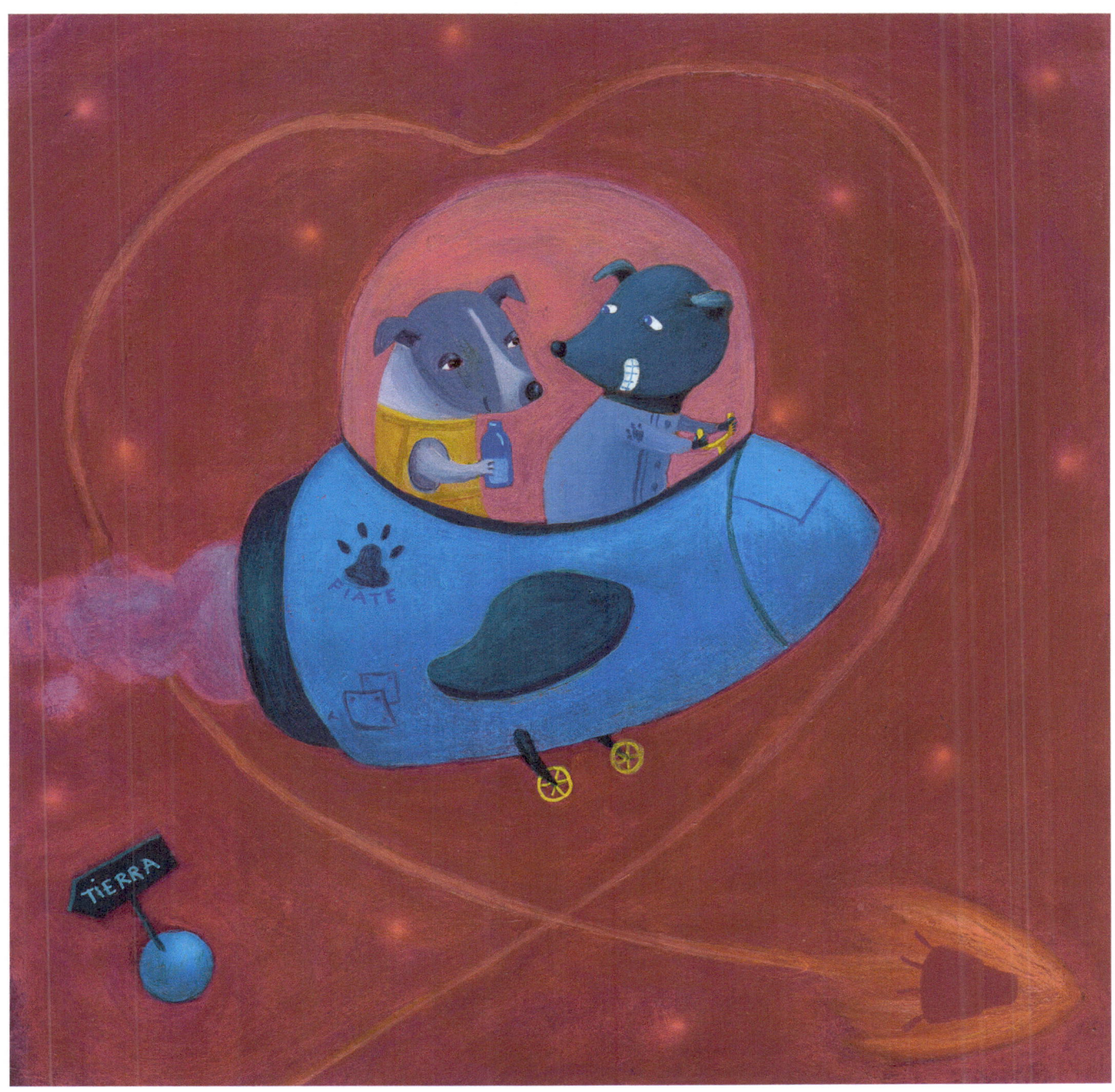

Ávelin

Nací en Barcelona en la primavera de 1973. En cuanto tuve a mi alcance un lápiz y un papel me puse a dibujar y todavía no he parado. Ese delirio por la forma y el color me llevó a cursar estudios artísticos en la Escola de la Dona y l´Escola Massana de Barcelona donde descubrí el fascinante mundo de la ilustración.

He trabajado para diversas editoriales y entidades como ilustradora.

Web: www.avelin.eu
Mail: avelinlin@gmail.com

Instagram: avelinlin73
Facebook: Avelin Ilustradora

EL PERRILLO SIDERAL

Corría el año 1957 cuando el perrillo sideral metió tercera inversa y activó la función hiperespacio, dejando atrás su planeta natal. El pequeño podenco, toscamente mezclado con bodeguero andaluz, se temía que les habían dado gato por liebre con esa nave monotripulada de segunda pata, "chollo total". En la FUE, Fundación para la Exploración Espacial, no había dinero para más y así funcionaba todo: misiones improvisadas (dos hasta la fecha), vehículos de recogida de basura reconvertidos en naves espaciales, recaudación de fondos con rifas de muñecos de peluches y huesos de goma, trajes espaciales remendados una y otra vez, astronautas free lance... El propio perrillo sideral era un astronauta voluntario, y su formación sobre los asuntos técnicos del oficio era sencilla y llanamente autodidacta.

En lugar de la función hiperespacio pareciera más bien que el aventurero can hubiera activado la función hiperdespacio y por eso todavía podía ver por el retrovisor a sus padres despidiéndose con la pata desde el balcón de su piso de Banlieue-sur-le-tube. La madre dejó de agitar su pañuelo y en su faz canina la tristeza se transmutó en guasa apenas contenida. El padre se desesperó y se metió en casa.

Lentamente, el perrillo sideral se adentró en el frío universo con la misión de probar su nuevo equipo: la nave en sí con su "fastuosa función hiperespacio", la cual ya daba por probada y fallida al mismo tiempo, el traje recién recosido por su propia abuela y el sistema de oxígeno de ambos, cuya última avería mantenía en el hospital al bueno de Matías, un bichón maltés voluntarioso y juguetón, ahora quizás un poco menos.

Fue hallándose en las inmediaciones del planeta Tierra cuando el can explorador vio un objeto pequeño y brillante, una especie de bola de acero con antenas. El perrillo recalculó su ruta para evitar la colisión pero incluso así la nave se acercaba peligrosamente y tanta intimidad no era comprensible, porque justo en el espacio lo que sobra es eso: espacio.

Las dos naves se acercaron tanto que el viajero sideral atisbó por la ventanilla del artefacto a una pequeña perra Canis lupus familiaris con seductores aportes de terrier y husky, que hacía fuertes aspavientos al tiempo que clavaba en él un par de ojazos color miel, y esto el perrillo lo sabía desde ya, para siempre inolvidables.

El expedicionario can decidió entonces el acople de las naves porque resultaba ostensible que la perrilla andaba en apuros siderales, como al poco quedó confirmado. Agradeció entonces la engañifa habida sobre la nave, vendida como monoplaza tratándose ostensiblemente de un modelo bi. Y anotó mentalmente estar más atento la próxima vez en todo proceso de compraventa de material espacial.

Tras el acople la perrilla entró en la nave y se acomodó en la parte de atrás. El perrillo sideral observó el contorno de aquellos inolvidables ojos marrones y vio que la nueva pasajera estaba sudada como camiseta de halterofílico y sedienta en grado extremo. Preguntada por la causa de tan lamentable estado, la perrilla contó que en el momento en que la fortuna hizo coincidir sus naves y se propició más aún que el encuentro, su entera salvación, se estaba cociendo literalmente dentro de su satélite artificial. Por tal gesto, ella se declaró totalmente agradecida y subrayó sus palabras con un movimiento afirmativo de su cabeza y una perfecta a la vez que clásica caída de ojos.

El perrillo sideral escuchó las palabras de la perrilla y bendijo su sobrevenida suerte de caballero andante y la evidente cualidad literaria de la astronauta, necesaria sin duda para apreciar su madera de héroe. Si con estas mimbres no se tejía ipso facto una inolvidable historia de amor, qué poco sabía el perrillo sideral del universo en el que vivía.

Los dos perrillos siderales salieron de la órbita terrestre y vieron alejarse la sobrecalentada nave de la perrilla. Más allá de sus almendrados ojos, el piloto de la nave estaba absolutamente deslumbrado por el perfecto traje espacial que ceñía las hermosas formas de la terráquea. Ya la nave le había parecido obra de magia o de algún encantamiento, por la calidad de sus ensamblajes y los remaches, que no parecían colocados a pata si no por suerte de algún ingenio mecánico. Pero cuando la perrilla explicó algunos aspectos técnicos del satélite artificial, el perrillo no podía creer la cantidad de conocimientos técnicos, físicos, químicos y mecánicos que poseía esa belleza terrestre y terrenal que en esos momentos estaba liquidando toda el agua potable que quedaba a bordo.

La conversación fue del todo fluida como sucede entre cualesquiera dos seres del universo que se atraen de forma directamente proporcional al cuadrado de sus masas. El perrillo habló de su Fundación para la Exploración del Espacio, de sus padres, de su coqueto piso de soltero en Banlieue-sur-le-tube, y finalmente le preguntó galantemente a la perrilla a qué hora debía volver a casa. La hermosa viajera comenzó a sudar de nuevo, se echó a temblar y rogó al perrillo que la llevase donde quiera que fuese excepto de regreso al planeta Tierra, donde los humanos la esperaban para subirla a otro satélite de pruebas espaciales.

El perrillo no podía creer lo que sus orejas escucharon a continuación acerca de ensayos científicos con todo tipo de animales, y sintió pena por ellos: millones de moscas de la fruta (pena nivel 1), miles de ratas (pena nivel 4), miles de conejos (pena nivel 8), cientos de monos (pena nivel 9), y otros muchos cientos de gatos (pena nivel 2) y perros (definitivamente, pena nivel 10). Y preguntó a la pasajera cómo alguien voluntariamente puede someterse a tales torturas y entonces el explorador sideral escuchó las risotadas más tristes que uno pueda imaginar. La perrilla le indicó con la pata que esta era una larga y triste historia, la historia de la convivencia de los animales y los seres humanos.

Ella había sido una perra callejera en Moscú, y sabía a conciencia lo que era el hambre y el frío, así que no pudo sino alegrarse cuando aquellos hombres la recogieron y le dieron calor, pienso y cariño, y más pienso. Evidentemente, la perrilla no podía anticipar el calvario de entrenamientos y pruebas que vendrían a continuación. En este punto recordaba con el corazón encogido a Albina y Mushka, sus compañeras de jaula y de fatigas.

La pequeña astronauta añadió que si esta vez se había salvado, se debía a la afortunada aparición del perrillo con su cochambrosa nave. El piloto carraspeó encajando el asunto de la cochambre de su nave y no dijo nada al respecto, también porque ansiaba conocer el nombre de este ser al que ya se sentía unido de por vida. Así, preguntada por su nombre, la perrilla dijo llamarse Laika y que su misión a bordo del Sputnik 2 consistía en saciar la curiosidad humana de averiguar si un ser vivo sobreviviría a bordo de un artefacto que orbitase la tierra. Un artefacto, el Sputnik 2, que por cierto no fue diseñado para ser recuperable.

El perrillo sideral abrazó a la perrilla y después metió cuarta directa rumbo a su planeta natal, inventando en su cabeza la historia que contaría a sus padres sobre la recién llegada, puesto que sus inocentes orejas no podrían creer su verdadera historia..

Esperanza Manzanera
Licenciada en Filosofía y Ciencias de la Educación

Profesora de Filosofía
Escritora, guionista y editora ocasional
Ruedo cortos de vez en cuando
Río mucho, lloro en poca cantidad
Ilusionada en mil tareas, para muchos soy
La madre de Elsa, o
La compañera de Manuel,
O la hija de Salvador y Josefina, esto ya para muy pocos.

Soy natural de Valencia,
O más bien andaluza en acogida.
La amiga de Frida y Connie, y de Canelo, Peluso y Ernesto.
O de todos los animales.

Puedes encontrar este libro en formato e-book y papel en:

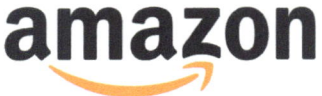

También puede encargarse a través de la página Facebook de
APA NUEVA VIDA:

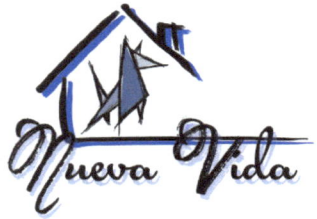

https://www.facebook.com/APA-NUEVA-VIDA-Hu%C3%A9rcal-Overa-113584942330514/?fref=ts

Y también, en:
https://www.facebook.com/Esperanzamanzaneraferrandiz/#

Y en FICCIONMANÍA:

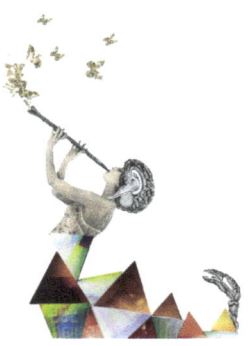

http://www.esperanzamanzanera.com/

...Y EL PERRILLO YA NO ESTÁ SOLO.
GRACIAS A TI.

que acoges, que adoptas, que colaboras, que compras este libro o lo regalas,
que donas, que difundes, que protestas, que ayudas.
A tí, que el perrillo te importa.

Este libro se terminó de maquetar e imprimir
en Bilbao el día veintisiete de octubre del año
dos mil dieciseis en los talleres gráficos de
Itxura Comunicación.

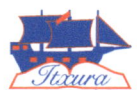